DATA-DRIVEN MARKETING

データドリブンマーケティングがうまくいく仕組み

株式会社シンクジャム
吉澤 浩一郎　国本 智映

CROSSMEDIA PUBLISHING

はじめに

データドリブンマーケティングがうまくいかない理由

デジタルトランスフォーメーション（DX）の波は、企業のマーケティング活動にも及んでいます。

マーケティングDXのなかでも、とりわけ企業の関心度が高いのがデータドリブンマーケティングではないでしょうか。

本書においては、データドリブンマーケティングを「顧客の属性、行動、嗜好性の定量・定性データ等を基に、製品・サービス開発や情報提供、プロモーション活動、提案、アフターフォロー、さらなる継続的な情報提供を行い、長く顧客とつながりをもつことを目的とする企業活動」として、定義したいと思います。

ところがいま、業種を問わず多くの企業で「データドリブンマーケティングがうまくいっていない」現実があります。私たちはこれまで、そうした企業——特にB2CやB2Bの高額商材（営業プロセスの複雑な契約型商材）を扱う、大手企業の最前線で活躍されている部課長クラスの方々——から依頼を受けてデータドリブンマーケティングを支援してきました。

その経験から、データドリブンマーケティングの現状を分析してみると、いくつかの問題を指摘することができます。

ひとつには、すでにマーケティングDXにおいてしばしば語られているように「データがつながっていない」という問題があります。たとえば、事業単位、支店やエリア単位、システム側とマーケティング側といった部署単位等、各セクションが独自にデータを持ち、施策を実施しているためデータが連携されていないのです。

なかには、DXの展開に際して新設された部門が他部門とうまく連携できないまま孤立してしまうこともあり、マーケティング活動全般を俯瞰した組織が機能していない企業もあるようです。

みなさまの会社でも、心当たりはないでしょうか？

しかし、つながっていないデータをつなげるツールや活用ノウハウであれば、CDP（Customer Data Platform）やBI（Business Intelligence）ツールの上手な活用法の本などがすでに複数存在しており、多くのコンサルタントがいます。そのため、実は「データをつなげる」だけならさほど難しい課題ではありません。

データドリブンマーケティングがうまくいかない本当の理由は何か。それは**「つなげたデータを、どう活用するか」という目的意識があいまいだからだと、私たちは考えています。**そもそも、データドリブンマーケティングには、顧客から生涯にわたって得られる利益であるLTV（Life Time Value）の最大化をするために、2つの大きな役割があります。

（1）できるだけ多くの新規客を生み出すこと

多くの新規客を生み出すためには、たとえば自社サイトや店舗における顧客の行動データから「買ってくれない人」を分析し、買ってもらうための施策を検討したり、実際に「買ってくれた人」のデータや市場調査データを分析し、買ってくれそうなのにまだ呼び込めていない潜在顧客を明確にして、プロモーションをしたりする必要があります。

(2) その新規客（既存客）と長く関係を築き、最大限の利益を上げること

一般的には「既存客のみにフォーカスした利益向上」とイコールに結び付けられがちなLTVですが、LTVの母数を増やす＝新規客を獲得するという視点も欠かせません。

ところが企業によっては、(1) 新規客を生み出すため、(2) 既存客からさらに利益を上げるため、という2つの目的ごとに別個にデータが存在するばかりか、事業単位、支店やエリア単位、部署単位等、各部門がそれぞれ独自にデータを持ち、バラバラに施策を実施していることもあります。これは「データはあるのにうまく使えていない」企業の典型です。

戸建住宅の業界を例にとりましょう。この業界においては「土地購入→建築→メンテナンス→リフォーム→売却／相続」と、1人の顧客との付き合いが長期にわたるため、LTVを増大させるチャンスが豊富にあります。ところが、部門ごとに個別に顧客データを持ってしまい、それらが連携できていないために、1人の顧客を追いかけることができず機会損失につながっているケースが少なくありません。顧客との付き合いが「土地を買ったらおしまい」「家を建てたらおしまい」という状態になりかねないのです。

これからは、1人の顧客とできるだけ広く・長く付き合い、LTVを最大化するという目的に向かって、データをつなげる必要があります。さらには、1人の顧客と長く付き合うだけではなく、購入前～購入時～購入後のデータを取得し、「ここにはいない新規客」の獲得のために活用するという視点が不可欠です。

本書のねらい

現在、CDP 等でさまざまな顧客データをつなごうとしている企業が散見されますが、同時に次のような問題もよく耳にします。

・そもそも必要なデータが取得されていない
・複数のDBのフォーマットが異なるので、つながらない
・基幹システムが古すぎて、最新のDBとつながらない
・経営層に費用対効果、先々の見通しを説明できていない
・各部門が現状を変えるメリットを感じられず、合意形成に時間がかかる

しかし前述の通り、データをつなげる手段であれば、すでに存在します。デジタルマーケティングがうまくいかない本当の理由は、つなげたデータをどんな目的で、どう活用するかがあいまいであるからです。この課題をクリアできれば、データ連携の次の段階へと進み、データを活用したマーケティング施策の立案・改善、そして新規客／既存客の獲得へと自走できる、真のデータドリブンマーケティングの実現に近づくことができるのです。

本書は、最近のデータドリブンマーケティングのありようを概観しつつ、特に自走式データドリブンマーケティングを推進するためのポイントとして、次の3点を強調しています。

(1) 新規客の獲得と既存客の維持によるLTVの最大化をKGIとする
(2) 仮説を基にすぐコンテンツをつくり、データを分析する癖をつける
(3) 意思決定者やマーケティング推進チーム、デザイナーやエンジニア等の専門チームといった社内の各部門の目線を合わせる

特に(2)、(3)の実現を目的として顧客とコミュニケーションを行うた

めのツールである**「コンテンツブリーフ」**と、社内の各部署とのコミュニケーションを円滑に行うためのツールである**「バウンダリーオブジェクト」**の2点をご紹介します。

「コンテンツブリーフ」とは誰に、何を、どのような切り口で、どのような表現を使い、何を使って伝え、どう態度変容をさせて、その態度変容をどんな数値で取得するのか？ を明らかにした資料のことです。
「バウンダリーオブジェクト」とは、データドリブンマーケティングを推進する背景や目的、目標、施策内容や想定リスク等を社内で共有するための資料です。データドリブンマーケティングのワークフローはなにしろ複雑ですし、複数の部門、複数の業務にまたがりますので、各部門がどう連携するのか、どのデータがどうつながるのか、どんな施策がどう関連するのか等、あちこちの部署と目線を合わせていかなければなりません。各部署のバウンダリー（境界）をつなぐオブジェクト（全体図）を描き、共有する必要が生じるのです。

大きな組織になるほど業務全体を一気にデジタル化するのが難しいために、まず意識の高い部署やチーム単位でPDCAを回して成功・失敗事例を蓄積していくのがマーケティングDXの定石です。
しかし、部署単位でインセンティブ・プロモーションをしようとしても「当社のサービスAで1,000ポイントがたまるなら、当社のサービスBでそのポイントが使えないのはおかしい」というように、顧客目線で見ると"あるべき対応"に抜けが生じることがあり、結局さまざまな部署を巻き込んで顧客に納得してもらえるように、できる限りの施策を打ち出していく必要があります。そんなときにも、バウンダリーオブジェクトは欠かせません。
本書を1章から読み進めていただくことで、企業がデータドリブンマーケティングを成功するためのポイントが、自ずと明らかになる構成を意識しました。まずは概要から一緒に見ていくことにしましょう。

このテキストにおける重要な概念と各章との関係

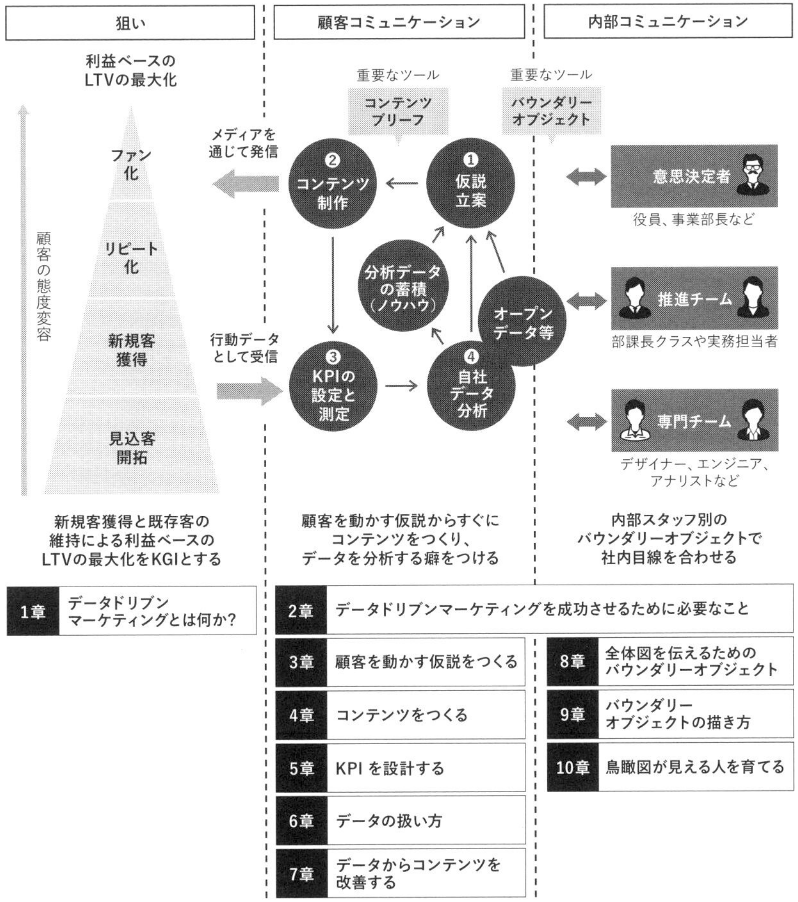

データドリブンマーケティング
がうまくいく仕組み

CONTENTS

CHAP. 4 コンテンツをつくる

CHAP. 5 KPI を設計する

CHAP. 6 データの扱い方

CHAP. 7 データから コンテンツを改善する

CHAP. 8 全体図を伝えるための バウンダリーオブジェクト

CHAP. 9 バウンダリーオブジェクトの 描き方

CHAP. 10 鳥瞰図が 見える人を育てる

ブックデザイン：都井美穂子
DTP：荒好見
図版作成：長田周平 / 株式会社シンクジャム
編集協力：東雄介
校正：株式会社 RUHIA

CHAP. 1

データドリブンマーケティングとは何か？

顧客のデータを基に、売れる仕組みをつくり続ける

あらためて、データドリブンマーケティングという言葉が示すものについて、確認しておきましょう。データドリブンマーケティングとは、「顧客の属性、行動、嗜好性の定量・定性データ」（＝顧客データ）を基に、製品開発や情報提供、提案、販売、アフターフォロー、さらなる継続的な情報提供を行い、長く顧客とつながりをもつことを目的とする企業活動のことです。簡単にいえば、**顧客のデータを基に、売れる仕組みをつくり続けること。**ちなみに、「顧客」とは自社製品やサービスを購入できる財を有し、購入・利用見込客やすでに購入済みの方を指します。顧客のデータといってもさまざまですが、ここでは大きく“頻繁に変化することが少ない／変化させようと思っても変化させるのが難しい”**「属性データ」**と、“顧客の態度変容によって数値や内容が変わりやすいために、マーケティング施策によって変化を狙いたい”**「行動データ」**の２つのカテゴリに分けて考えてみます。

属性データと行動データ

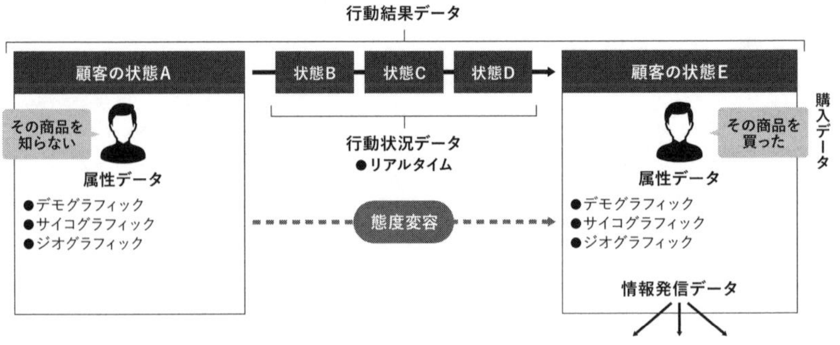

属性データと行動データの違い

属性データ＝顧客に関する「あまり変わらない」データ

属性データとは、たとえば次のようなものを指します。

デモグラフィック属性……性別、年齢、学歴、職種、役職、勤務先規模等、人口統計学的な属性を示すデータから、自社製品・サービスを購入してくれる顧客層を導きます。

サイコグラフィック属性……価値観、趣味、嗜好性、ライフスタイル、性格等、顧客の心理学的な属性を示すデータです。この特性に注目すると、自社製品・サービスのコンセプトに共感してくれる層がわかります。

ジオグラフィック属性……居住地域、人口密度、気候等を指します。

たとえば、そのエリアにターゲットとなる人や企業がどのくらいいるか、その地域で好まれる味か、そのエリアの天候に左右されるライフスタイルに受け入れられるか等を検討する際に活用します。

行動データ＝顧客の態度変容で数値が「変わる」データ

顧客の行動データとは、次のようなものを指します。

行動結果データ……商品・サービスの検討、購入、サイトやアプリ使用、店舗来訪、資料の閲覧、ダウンロード、資料の請求、メール開封、各種問い合わせ、クレーム等、何らかの行動の結果生じるデータのこと。利用顧客がどんな行動をしているかがわかります。

購入データ……いつ購入したか、購入頻度、単価、購入総額、ポイント累積・利用、クーポン利用、購入者紹介等のデータ。ここから、自社にとっての「優良顧客」の姿が見えてきます。

行動状況データ……スマホのGPSやパソコンのIPアドレス、IoT機器、Wi-Fiの利用状況、顔認証等からわかるリアルタイムの位置情報や行動データです。ある場所にいる人たちに情報を発信したいといった際に役立ちます。

情報発信データ……自社SNSをフォローしているか、ほかにどんなSNSアカウントをフォローしているか、商品をどう評価しているか、他者へ紹介しているか等、利用顧客がオンラインでどんな情報発信しているかが理解できます。

なかでも近年、重要度を増しているのは、行動結果データや行動状況データです。サイトを訪れたユーザーの行動を記録・追跡したり、GPSによってリアルタイムの位置情報を把握したりと、人の行動を可視化するデータがテクノロジーの進展によって入手できるようになりました。

さらには、商圏情報（人口、世帯数、平均年収）、気温、降雨センサー等の天気情報、渋滞情報等、顧客データ以外のデータとの掛け合わせも有効です。このように、使えるデータはすべて総合的に活用してみることで、見えなかったことが見えてきたり、新しいビジネスのヒントになったりします。

データドリブンマーケティングのメリット

マーケティングDXのなかでも、特に企業の注目を集めているデータドリブンマーケティング。そのメリットとは何でしょうか。

ここでは次の4点を挙げておきます。

(1) 顧客のデータを取得できれば、顧客（見込客、新規客、既存客等）が、どんなことに興味・関心がありそうか、高い精度で把握できます。また、個人単位だけでなく、同じ興味・関心をもった顧客を塊（クラスタ）として捉えることで効率的に顧客を理解できるようになります。

(2) データに基づき、より確からしい施策・コンテンツが考えられます。

(3) 施策を打った後に得られる反応が、またデータとして蓄積され、そのデータは再び、顧客の理解や識別、施策・コンテンツの立案に役立てられます。

(4) 上記のプロセスが繰り返されることで、施策の成功・失敗のポイントまで、データとして明らかになります。これは、施策のノウハウが可視化され、組織内で共有しやすくなることを意味します。

マーケティングのコンセプトは**「顧客起点で売れる仕組みをつくり続ける」**ことですが、これまでのマーケティングとデータドリブンマーケティングの最大の違いは「より確からしく、データという再現性のあるかたちで顧客を知ることができるようになった」という点にあります。

従来、マーケターが顧客の姿をつかもうと思うと、顧客アンケートによって属性データを集める、購買データからRFM分析をする等の手法を用いるのが一般的でした。

たとえば、これまでは「この顧客の年代は子育て中の人が多いはずだから、この商品を買ったのだろう」というような“解像度の低い”仮説であったわけです。

しかし、新たに取得できるようになった行動データによって、顧客と自社とのコミュニケーションプロセスが可視化され、どうしてそのような結果に至ったか（たとえば、なぜ買ったのか？ 買わなかったのか？）という理由を、マーケターは得られるようになったのです。理由がわかるというより、“解像度の高い”仮説が立てられるようになったというほうが正しい表現かもしれません。

このような属性、購買、行動等の各種データから得られた結果を次なる施策・コンテンツに活かしていく。あるいは、施策の成功・失敗の経験も糧にしていく。データを中核に据えたこのようなPDCAサイクルこそ、データドリブンマーケティングの真骨頂と言えます。

必然的に、データを扱う技術に関しても、

・目的に合わせたデータの取得、管理、結合・連携技術
・データを扱いやすく加工する技術
・データから仮説を導く技術
・仮説から施策・コンテンツを生み出す技術
・実施した施策・コンテンツの結果を活用する技術
・上記の技術を把握して、全体をつなぐ図を描く技術

……等、多岐にわたり要求されるようになっています。

データドリブンマーケティングのゴール

「はじめに」でも触れたように、データドリブンマーケティングの狙いは、新規客の獲得ならびに既存客と長く関係を築き、利益ベースでのLTV（ライフタイムバリュー）を最大化することにあります。

LTVというと、1990年代前半より既存客との取引の重要性を説いていた「データベースマーケティング」や「One to Oneマーケティング」に引っ張られてしまい、リピートやアップ&クロスセルの促進等の手法が語られがちですが、改めて注意しておきたいのは、**LTVの母数を増やす＝新規客を獲得する**という視点です。どのようなマーケティング施策を講じても離脱していく顧客が一定数いる以上、LTVの母数そのものを増やすという視点がないと、縮小均衡に陥る恐れがあるからです。

そういった点からも、既存客の属性、購買、行動データを見つつ、オープン、クローズドを問わずさまざまな調査データも活用して、まだ見ぬ新規客を獲得するために何をすればいいのか、という仮説を立てていくことが重要です。そうやって新規客を獲得し続け、既存客のパイを増やしていく。LTVの最大化とは、そのようなダイナミックなプロセスを意味しているのです。

「LTVの最大化」に向けて必要なステップ

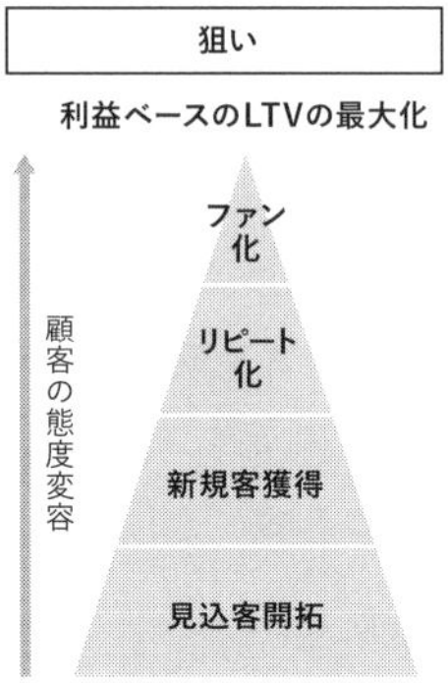

以上を踏まえて「LTV の最大化」に向けて必要なステップを示したのが上の図です。

この図の内容にならえば、データドリブンマーケティングの狙いとは、各種のマーケティング施策によって、顧客の態度変容を促し、見込客開拓から新規顧客獲得、既存顧客のリピート化やファン化へとステップを踏み、LTV を最大化すること、と言い換えることができるでしょう。

第一のステップは**見込客の開拓**です。データの活用により、これまで自社の製品・サービスを知らなかった層に知ってもらい、関心を持ってもらいます。

第二のステップは**新規客の獲得**です。なかでも「たくさん買ってくれそうな人」を探します。

第三のステップは**リピート化**です。「一度買って終わり」ではなく、継続して買ってもらえるように顧客との関係を維持し、新規客を既存客化します。

第四のステップは**ファン化**です。自社の製品・サービスに通底するコンセプトに共感してもらい、より自社とのつながりの深い「ファン」を増やします。ファンは、自社を応援してくれる存在でもあります。製品・サービスを買い続けてくれるばかりか、情報発信を通じて、さらに「たくさん買ってくれそうな」新規顧客をつれてきてくれるのです。その意味でファンとは、インフルエンサー（単に口コミしてくれる人）ではなく、アンバサダー（好きで口コミしてくれる人）やアドボケーター（自ら企業に働きかけてくれる人）だと言えます。

この4ステップを経てたどり着くゴール（KGI）が、LTVの最大化です。ただし、顧客の獲得コスト、維持コストを最小限に抑えたコミュニケーションを通じて、売り上げを拡大し、目標とする利益を確保しなければなりません。単なるLTVではなく「利益ベースのLTV」がゴールになります。

COLUMN

データドリブンという言葉に惑わされていませんか？

データドリブンというと、「すでに手元に存在している顧客データを分析することからはじまる」とイメージしている方も多いと思います。もちろんデータを取得することは重要なのですが、仮説なきデータの分析には意味がありません。データ分析では、最初に「〜かもしれない」と仮説を立て、出てきたデータに**「なぜそうなったのか？」**と問いを立てるのが基本。そうでなくては、いくらデータを分析しても有効なヒントを読み取ることができないでしょう。

マーケターであれば、それは充分に理解しているはずです。だからこそ、まずは仮説を立て、コンテンツにより顧客に何らかの行動をさせて、そこで得られた反応（データ）をもってコンテンツを検証する、というプロセスを循環させることに重きを置きましょう。データはそれをフォローするものだという位置づけにしておいたほうが、本来の目的を達成できると思います。

CHAP. 2

データドリブンマーケティングを成功させるために必要なこと

データドリブンマーケティングの全体像

１章で触れたように、データドリブンマーケティングのゴールは、利益ベースでのLTV（Life Time Value）の最大化です。そのために、見込客からリピート化、既存客のファン化へ態度変容を促す必要があるとお伝えしました。次の図は、LTVを最大化するためのデータドリブンマーケティング活動の全体像をまとめたものです。その活動のなかで、マーケティングプランナーにとって重要なタスクは、顧客コミュニケーションと内部コミュニケーションの２つだと位置づけています。それぞれ、説明していきましょう。

データドリブンマーケティング活動の全体像

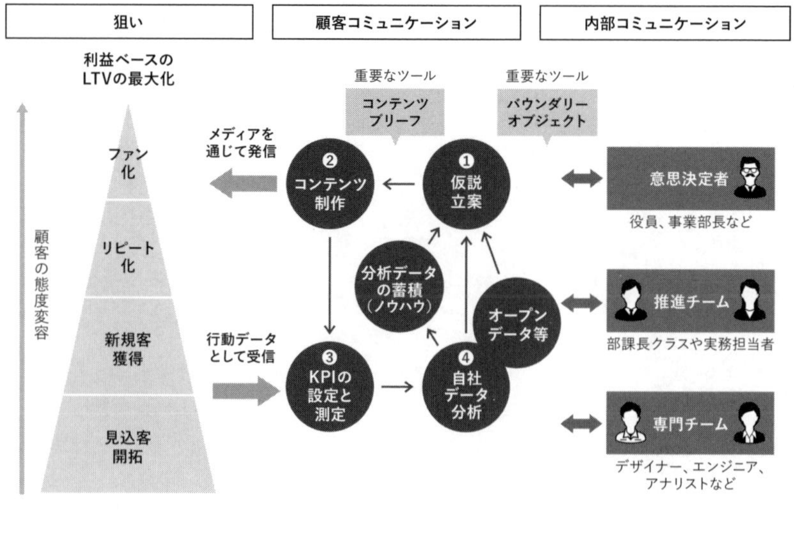

顧客コミュニケーションの方法論を確立すること

まず、顧客コミュニケーションについては、本書では次のように定義します。

1 見込客 or 既存客は、どうしたら態度変容するか？ という仮説を立てる
2 態度変容させるためのきっかけ（重要施策＝コンテンツ）を制作するのと同時に、どう態度変容させるかという数値的指標（＝ KPI）を設定する
3 メディアを通じてコンテンツを発信し、見込客 or 既存客を態度変容させる
4 見込客 or 既存客の行動データを取得する
5 KPI を抽出し、ファクトデータとして整理する
6 自社で保持している顧客の属性データ等と併せて分析する
7 分析結果に基づき、新たに仮説を立てコンテンツを生み出す
8 これを繰り返し、データを蓄積することで、次の仮説をより確からしいものにする

図が示しているとおり、このプロセスは循環します。仮説を基にコンテンツをつくりあげ、そのコンテンツから得たデータを分析、その成果を基に仮説をブラッシュアップする。プロセスが一回転するたびデータの精度は高まり、新規顧客の獲得やリピート化、そしてファン化につながるわけです。

本書は、この循環の中核となるツールとして**「コンテンツブリーフ」**を置いている点が特徴となっています。

コンテンツブリーフを中核に据える意味

本書でいうコンテンツとは、それを体験（見たり、読んだり）した顧客が製品・サービスに関心を持ち、欲しいと思ってもらい、意識や行動を変えていく（態度変容させる）力のある施策全般のこと——いわゆるCSF（重要成功要因）になると考えられるもの——をコンテンツと呼んでいます。コンテンツブリーフとは、「顧客に態度変容してもらうための要素を一覧化できる資料」としてご理解ください。

顧客を動かす施策を考える際に、いきなりワイヤーフレームを書いたり、どんなビジュアルにするのかを考えたりするのではなく、まず自らの仮説や確からしい情報をベースにコンテンツブリーフを埋めるのです。コンテンツブリーフには次のような項目があります。

- 顧客と商品の関係性
- 切り口
- 商品特長
- 利用シーン
- コミュニケーションターゲット顧客
- 切り口
- 表現
- 目的
- 商品がつくられた背景
- ターゲット顧客
- ターゲット顧客の便益
- 強調すべき訴求ポイント
- シナリオ
- 目標

コンテンツブリーフ

要素		概要	施策後評価	改善ポイント
顧客と商品の関係性		当社ならびに当社商品とどんな関係性にある人がコミュニケーションターゲット顧客になるか？　※ジャーニーマップを参考に記載する。		
目的	1) 伝えたいこと	コミュニケーションターゲット顧客に対して、伝えたいことは？		
	2) アクションさせたいこと	コミュニケーションターゲット顧客をどう動かしたいか？		
	3) アクションによって得たいデータ	コミュニケーションターゲット顧客のどんな情報を取得したいか？		
商品がつくられた背景		製品・サービスの誕生秘話、どういう想いでこの商材をリリースしたか？		
商品特長		製品・サービスのメリット（こういうところが差別化でき、結果としてこういう仕事を実現できる）		
ターゲット顧客	属性	製品・サービスの主な利用者は、どのような属性をもつ人か？		
	ニーズ	どのような課題を抱えているのか？		
利用シーン		製品・サービスをどんな時に使うのか？		
ターゲット顧客の便益		どんなベネフィットがあるのか？		
コミュニケーションターゲット顧客	属性	利用者となるターゲット顧客と異なる場合に記載		
	ニーズ			
強調すべき訴求ポイント（差別化できるポイント）		上記の中でも、特に強調すべきところはどこか？		
切り口	1) 関心を持たせる	関心を持たせるために、どんな切り口でつくるか？		
	2) スムーズに誘導する	目標までスムーズに誘導するために、どんな切り口でつくるか？		
シナリオ	メディア・デバイス	どのメディアを使って認知・集客・理解・データ収集を行うか？		
	コンテクスト	どのようなコンテクストでアプローチするのか？		
	インセンティブ	どのようなインセンティブを使って目標に到達させるか？		
表現	コピー	上記内容を基にどんなキャッチコピーにすればよいか？		
	メインビジュアル	上記内容を基にどんなビジュアルにすればよいか？		
目標	KGI	今回の施策・コンテンツで目指す数値目標は？		
	KPI	KGIを実現するための重要な管理指標とその想定数値は？		

　このブリーフがあると、方向性が明確になり、関与者の目線合わせに役立つことはもちろんですが、データを分析した際に「このような結果になったのは、○○の切り口でつくったからでは？」「もっと反応を上げるには、○○を変えたほうが良いのでは？」……等、データの読み解きや次の仮説立てに貢献します。

　顧客を動かす施策を企画・制作して終わりではなく、データを回して成果を得ていくための資料、いってみれば顧客に支持されるコンテンツづくりのノウハウを蓄えていくための資料と言えるでしょう。

そういう意味で、広告制作チームがつくる「クリエイティブブリーフ」とは異なります。コンテンツブリーフは制作途中でも立ち返り、中身を精査するだけでなく、データ分析や次の打ち手を考えるときも見返していくものだからです。つくり方については、4章でご案内します。

クリエイティブブリーフとコンテンツブリーフの違い

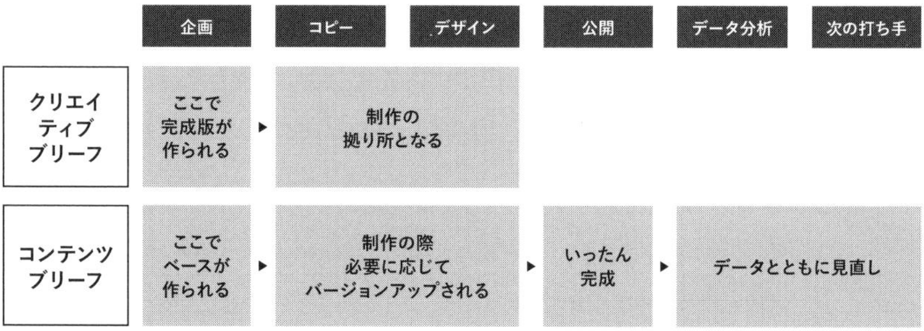

内部コミュニケーションを確立すること

次は、マーケティングプランナーにとって重要なもうひとつのタスク、内部コミュニケーションについて説明しましょう。

先程の顧客コミュニケーションにおける一連のワークや施策にしても、データドリブンマーケティングは、マーケターのみが推進するものではありません。

マーケティング担当者から、社内の意思決定者や一緒にデータドリブンマーケティングを推進するチームメンバー、エンジニア等の専門チームにも説明する必要があります。そのためには、コンテンツブリーフを見せるだけでは足りません。

必要なものは、プロジェクト全体を俯瞰視点で描いた、**全体図（全体像）**です。さらに将来的な構想等も加わり「ビックピクチャー」と呼ばれることもあります。

全体図（像）が存在しないと、さまざまな施策がどこにどうつながるかがわかりません。会議をしても抽象的な議論や理想論に終始し、データドリブンマーケティングはなかなか進まないことでしょう。データの一連の流れ（データの取得、管理、結合・連携、抽出、整形、活用、施策への展開）等も併せて、社内のそれぞれの担当者がひと目でわかるようにまとめる必要があるのです。

マーケティングプランナーの多くは、データにまつわる関係各所に企画書やレジュメを配るぐらいのことはしていることでしょうが、全体図（像）となると二の足を踏むはずです。

全体図（像）が必要な理由を、詳細に見ていきましょう。

・経営層は、（新規・継続）投資の意思決定をするため、**「一連のワークに費用対効果があるのか？」**等を理解する必要がある

・マーケティング担当者は、顧客データを広告、自社サイト、リアル店舗、コールセンター等さまざまな顧客接点から収集するため、各部署に対し**「何のために、どこからどんなデータを取得しているのか？ 取得して欲しいか？」**等を説明する必要がある

・システム担当、UX・UI担当、データ分析担当等専門チームは、具体的に活用するために、**「何をどのように開発したり、運用したりしたほうが良いか？」「その際に影響範囲はどこまで及ぶか？」**等を理解する必要がある

・社内にどんなデータがあり、どのように活用できるかを各部署に理解してもらい、全社的に活用するよう促す際に、プライバシー保護の観点から見て、**「顧客データを誰がどのように活用しているのか？」**等を明確にする必要がある

この全体図（像）として、マーケティングプランナーが用意すべきなのが８章で詳しくご紹介する**「バウンダリーオブジェクト」**です。バウンダリーオブジェクトとは、データドリブンマーケティングを推進する背景や目的、目標、施策内容や想定リスク等を社内で共有するための資料です。

意思決定者向けのバウンダリーオブジェクトの例

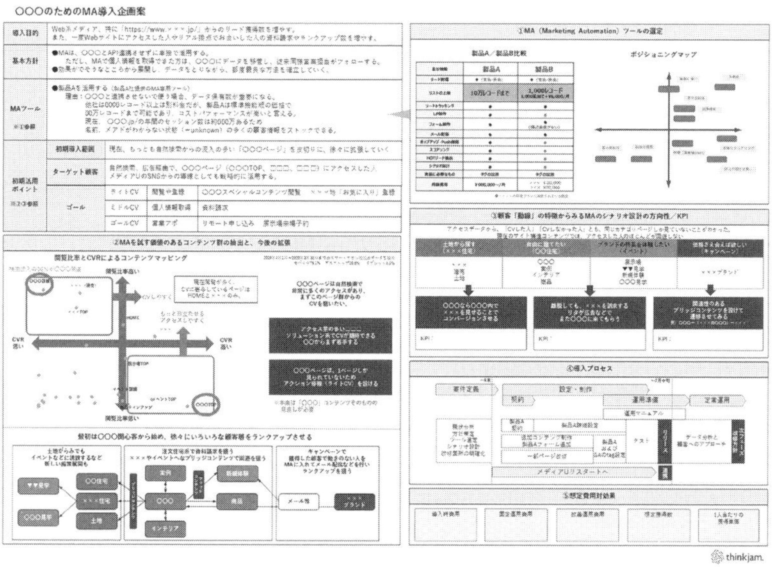

また、バウンダリーオブジェクト（異なる領域をつなぎ、相互作用を生み出すための媒体）は、さまざまなマーケティング関与者と目線を合わせる機能を持ちます。だからこそ、バウンダリーオブジェクトは、文字通りの役割を果たすのです。裏を返せば、専門分野の異なる各関与者がわかるように描き替えていかなければ、相互作用を生み出すツールとして機能しません。つまり、同じプロジェクトではあっても、役員には役員向けの、システム担当にはシステム担当向けの複数の全体図（像）を用意する必要があるのです。

バウンダリーオブジェクトを中核に据える

全体図（像）をマトリクスで整理したのが、次の図です。

バウンダリーオブジェクトの種類

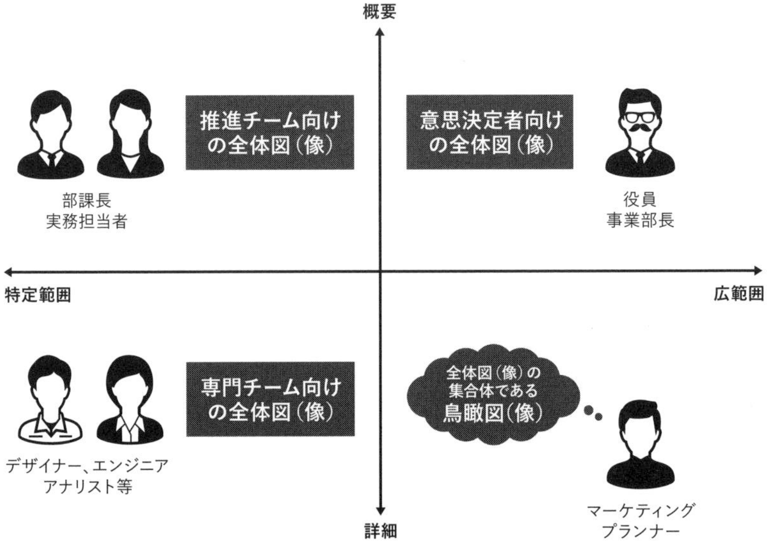

第一象限…意思決定者向けにつくるバウンダリーオブジェクト

担当役員、事業部長等に向けたもの。概要を広範囲で理解してもらい、自信をもって意思決定をしていただけるよう努める。

第二象限…推進チーム向けにつくるバウンダリーオブジェクト

実際にマーケティング活動を行う部門の担当者等に向けたもの。特定範囲における概要をしっかり理解してもらい、何のためにどんなことを実現していくのかを共有する。

第三象限…専門チーム向けにつくるバウンダリーオブジェクト

社内に限らず、外部支援企業を含むシステム担当、UX・UI担当、データ分析担当等に向けたもの。彼らが担当する特定範囲において可能な限り詳細なものを提示し、専門チームがより具体的かつ効率的な方法を生み出せるようにする。

第四象限…マーケティングプランナーが理解すべき「全体図の集合体である鳥瞰図」

第四象限は、第一象限から第三象限の全体図（像）をレイヤー状に組み合わせた、いわば「鳥瞰図」ですが、これは紙の上で表現しきれるものではありません。つまり第四象限は「マーケティングプランナーの頭のなかにあるイメージ」と捉えてください。鳥瞰図を無理やり紙にまとめたところで、各スタッフは何をどう見ればいいかわからず、使い物にならないでしょう。マーケティングプランナーの頭のなかで、第一象限から第三象限の全体図（像）がどのようにつながっているのかがわかれば充分です。

第一〜三象限のバウンダリーオブジェクトは、それぞれの内部スタッフに用意し、各自が閲覧できるようになっていれば良しとします。また、それぞれのバウンダリーオブジェクトは必ずしも最初から完成度が高いものを用意する必要はありません。内部スタッフ別にラフな資料を提示しながら、議論を重ねて精緻化していく、そんな進め方が現実的でしょう。

データドリブンマーケティングの推進には、こういったバウンダリーオブジェクトが必要不可欠ですが、これはバウンダリーオブジェクトが描けるマーケティングプランナーが必要であることを意味しています。

DX 人材の不足が指摘されているのはご存じの通りですが、マーケティング DX を推進できる人材も同様です。ではどうするのか？

本書 10 章で、その育成法について解説しています。

COLUMN

ネット上に「ゴミ・コンテンツ」を増やしていませんか？

マーケティングにおけるコンテンツには、コンテンツそのものにお金を払ってもらう**「買うコンテンツ」**（わかりやすいものとしては、ゲームや映像、音楽、書籍等）と、それをきっかけとして製品・サービスを買ってもらう**「買わせるコンテンツ」**があります。本書におけるコンテンツとは、後者のことです。「買わせるコンテンツ」は主に販売促進のためにつくられます。キャンペーンの広告もあれば、オーガニック検索で上位表示させることを主眼とした SEO 記事、長い目で成果をみるなら企業の SDGs の取り組み PR サイト等もあてはまります。

ただし、いずれも「顧客が態度変容しないコンテンツは避けるべし」ということは念頭に置かなければなりません。顧客が良い意味で心を動かされるコンテンツは、顧客にとって価値あるコンテンツだからです。

近年、いろいろなサイトで同じような「借り物コンテンツ」ともいわれる SEO 記事があふれかえっていますが、これらは生活者の時間を無駄にしてはいないでしょうか？ 検索エンジンの上位に表示させたいと願うなら、SEO テクニックも大事ですが、信頼のおける一次情報に基づき、自社でしか伝えられない点をしっかり見出してからコンテンツを世に出したいものです。

DATA- DRIVEN MARKETING

CHAP. 3

顧客を動かす仮説をつくる

顧客を動かすための仮説をつくる

本章からいよいよ、データドリブンマーケティングの進め方を解説していきます。まずは、顧客コミュニケーションからです。そのファーストステップとして解説したいのは**「顧客を動かす仮説づくり」**です。

スタートは「現在取得されているデータを分析し、次の打ち手を考えていく」（これは7章で言及します）のではなく、あえて仮説を立てて顧客がどう動くのかを見てから、自分たちに本当に必要なデータを取得・精査していくというのが、本書のアプローチです。もちろんその仮説には、既存のデータやオープンデータも活用しますが、プランニングする姿勢としてデータファーストではなく、仮説ファーストがベターだと考えているからです。

顧客の行動データとは、「もっと知りたい」と思ってボタンを押す、スクロールして記事を読む、資料請求をする、その場で購入する、SNS上で情報を拡散する等のアクションです。「おもしろいダンスで商品名を連呼する動画の広告出稿を増やしたので、インプレッション増加＝認知拡大につながった」といったマーケティング事例を見聞きすることがありますが、ただ「インプレッションが増加した」というだけでは、次の施策につながるような有意義なデータは取得できません。私たちは個々の顧客に何らかのアクションをさせて、そのデータを統計的に分析し、次の打ち手につなげなければなりません。

顧客を行動させるためには、「ちょっと見てみよう」という気持ちになりそうなコンテンツを用意し、最適なメディアを通じて、できるだけ「ちょうど良いタイミング」（検索していた、お店の近くを通った、カートに入れて買うかどうか悩んでいる等）で顧客に提示することが肝要です。

本書では、コンテンツを商品が売れるようにするための施策全般としています。特に、

・検討期間が長く、商品の購入が瞬時に決まらないB2Cの高額商材（住宅・不動産、自動車、保険や投資等の金融商品、貴金属類、電子機器、楽器、教育、化粧品、美容整形……等）

・検討項目が多岐にわたる商材、さまざまな稟議等を経て購入するB2B商材等（各種の産業機械、建機、決済システム、IT系ツール、各種コンサルティング……等）

といったものは、製品やサービスそのものではなく「製品やサービスを売れるようにする、買わせるコンテンツ」を投入し、購入に向けて少しずつ顧客の態度変容を促していくことが重要となります。

必然的に、マーケティングプランナーにとっての課題は、**「現在ある自社商品をどのようにアピールすれば顧客の態度変容を促せるか？」**ということになり、この問いへの解答が、仮説になるのです。

小売業のように「コンテンツ＝製品やサービス」であれば、レコメンドする製品・サービスそのものを変えることで顧客の行動データを取得できるのですが、難しいのはカスタマイズ型のメーカーやサービス提供会社のように、扱える商材が限られている場合です。「なぜその製品・サービスがあなたに最適なのか？」「あなたにどんな便益があるのか」等の情報をわかりやすく提示しなければいけません。

しかし、いまコンテンツを提示しても顧客が動いていないようであれば、どこかに問題があるはずです。まず「伝えたいことが、顧客に刺さっていないのではないか？」と疑ってみましょう。もしかすると、競合となる製品・サービスとの差別化ポイントがあいまいになっているかもしれません。

にもかかわらず、一生懸命表現の工夫に時間を割いたり複数のメディアに無駄な出稿をしていたりする可能性があります。まずコンテンツの核となる**「何を訴求したら顧客が動くか？」**という仮説を立ててみましょう。

仮説づくりのポイントは売りたい製品・サービスの、

・機会
・ターゲット
・商品特長

を順に考えていくことです。これから右図の「便益チャート」を使って仮説の立て方のヒントを事例も交えてご紹介していきます。これを基にいま一度、自社の製品・サービスの訴求ポイントを見直してみましょう。

便益チャートの使い方は､ここに記された項目を順に埋めていくだけで､難しいものではありません。まず自社が現在扱っている製品・サービスの内容を記入してみてください。

❶どんな想いでつくったか
❷どんな特長のある製品・サービスか
❸どんな人（属性、状態、行動、趣味嗜好等）がターゲットか
❹どんなときに使ってもらうと……
❺どんな便益（機能的、情緒的、自己実現的、共感的等）を提供できるのか
※❹と❺は１セットで考えてください。複数あっても構いません。
❻いくらで提供しているのか
❼最後に、競合となる製品･サービス（必ずしも同業他社の商品とは限らない）との大きな差別化ポイントはどこにあるかを明確にする

まずは最初の５項目を埋めてみましょう。新商品でこれから市場導入する場合でも、やることは一緒です。最初に、何点か補足しておきます。

便益チャート

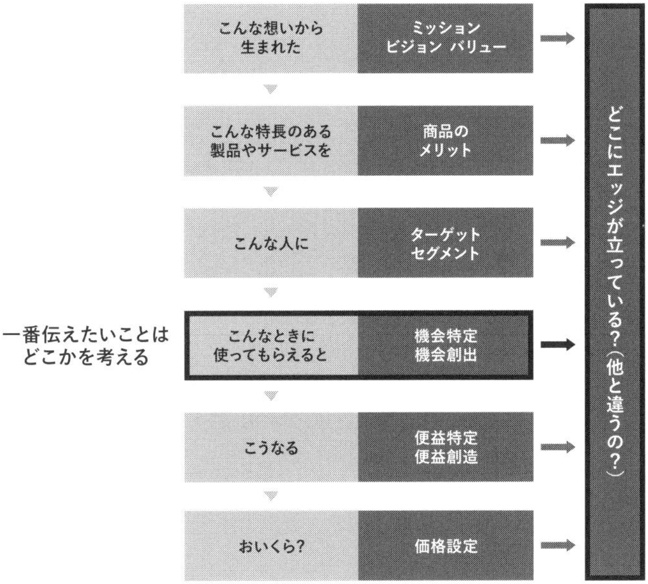

1の「想い」について：昨今の消費者は、その製品・サービスがいかに社会貢献しているか？ 自分の価値観や好奇心を満たしてくれるか？ 等を重視して支持する製品・サービスを選ぶ傾向があり、この項目はないがしろにできません。また同じ「想い」をもった異業種他社とのコラボレーション等の企画にも応用できますので、明確にしておくと良いでしょう。

2「商品特長」について：このチャートをつくるときに、**2**の商品特長と**5**の便益をきちんと分けられない人がいます。ここでいう特長は、あくまでも商品スペックから得られるメリット（例：処理能力が従来品より3倍速い、××という機能も付いているので1台3役等）です。

一方、便益とは、利用顧客が使う機会によって得られる機能的なこと（例：時短できる）、情緒的なこと（例：楽しくなる）、自己実現的なこと（例：憧れのセレブ気分が味わえる）、共感的なこと（例：フォロワーが増える）等です。利用顧客がお金を払うのは特長ではなくこの便益、と理解するとわかりやすいでしょう。

記入できましたか？ ここまでが現状の整理です。もし、あなたが扱う製品・サービスのコンテンツを見て顧客が動かない場合、この内容が「いまひとつ」なのだと疑ってみてください。たとえば、

- 「機会」がありきたりすぎるのではないか？ この利用顧客に対して、もっと別の機会を提示できないだろうか？
- そもそもターゲットとしている顧客層が違うのではないか？ 180度方向転換してみたらどうだろうか？
- 製品やサービスをつくった「想い」に共感が得られていないのではないか？ もっと別の視点で表現できないか？

……等、具体的に代替案の仮説を立ててみてください。

「機会」を変えてみる

ここでは例として、便益チャートの「機会」の内容を別のものに変えてみることにします。利用顧客がこの商品を使う機会がほかにないか、徹底的に洗い出して変えてみましょう。私たちの身の回りにも、既存商品の「機会」を変えることで、新たなヒット商品が生まれたケースを見つけることができます。

CASE1：缶コーヒーを飲む機会を「朝」にしてみたら？
CASE2：海苔等を切る多枚刃はさみの利用機会が「紙」だったら？
CASE3：ラムネ菓子の利用機会が「勉強中・仕事中」だったら？

いずれも、マーケターなら「あの商品か！」とわかるようなヒット商品であるはずです。

CASE1：缶コーヒー

機会を変える①
（昼の休憩 → 朝仕事始め）

凡例　■ 大きく変化させた　░ 影響して変化

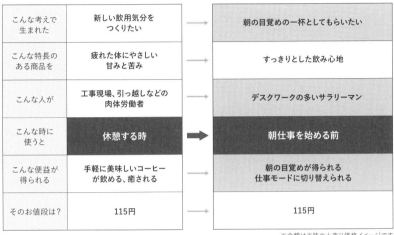

こんな考えで生まれた	新しい飲用気分をつくりたい	→	朝の目覚めの一杯としてもらいたい
こんな特長のある商品を	疲れた体にやさしい甘みと苦み	→	すっきりとした飲み心地
こんな人が	工事現場、引っ越しなどの肉体労働者	→	デスクワークの多いサラリーマン
こんな時に使うと	休憩する時	→	朝仕事を始める前
こんな便益が得られる	手軽に美味しいコーヒーが飲める、癒される	→	朝の目覚めが得られる 仕事モードに切り替えられる
そのお値段は？	115円	→	115円

※金額は当時の小売り価格イメージです

CASE2：はさみ

機会を変える②
（海苔を細断 → 紙を細断）

凡例　■ 大きく変化させた　░ 影響して変化

こんな考えで生まれた	簡単に、時間をかけず細かく切れるようにしたい	→	簡単に、時間をかけず細かく切れるようにしたい
こんな特長のある商品を	刃が複数連なっているハサミ	→	刃が複数連なっているハサミ
こんな人が	料理をする人	→	個人情報の取り扱いに慎重な人
こんな時に使うと	海苔やネギなどを刻むとき	→	個人情報が記載してある資料などを捨てるとき
こんな便益が得られる	簡単に刻めるので時短になる	→	個人情報が流出しない 安心できる
そのお値段は？	700円～1,500円	→	700円～1,500円

※金額は当時の小売り価格イメージです

CASE3：お菓子

機会を変える③
（子供のおやつ → 集中アイテム）

凡例　■ 大きく変化させた　▒ 影響して変化

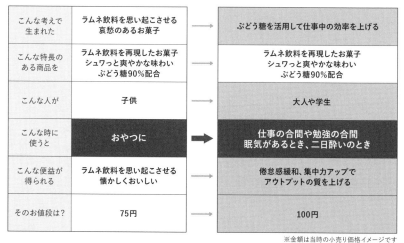

こんな考えで生まれた	ラムネ飲料を思い起こさせる哀愁のあるお菓子	ぶどう糖を活用して仕事中の効率を上げる
こんな特長のある商品を	ラムネ飲料を再現したお菓子 シュワっと爽やかな味わい ぶどう糖90%配合	ラムネ飲料を再現したお菓子 シュワっと爽やかな味わい ぶどう糖90%配合
こんな人が	子供	大人や学生
こんな時に使うと	おやつに	仕事の合間や勉強の合間 眠気があるとき、二日酔いのとき
こんな便益が得られる	ラムネ飲料を思い起こさせる懐かしくおいしい	倦怠感緩和、集中力アップでアウトプットの質を上げる
そのお値段は？	75円	100円

※金額は当時の小売り価格イメージです

CASE1 は、従来は味の違いや顧客の違いで訴求することが多かった缶コーヒーの市場において、「朝専用のコーヒー」という打ち出しで大成功した「ワンダ モーニングショット」（アサヒ飲料）の事例。

CASE2 は、海苔を切るためのハサミを個人情報保護法の施行に合わせて「シュレッダーハサミ」と変えて、爆発的に売れたもの。

CASE3 は、コンビニでビジネスパーソンがぶどう糖の効果に期待してラムネ菓子を買うようになった森永製菓の事例です。

また、単に機会を変えただけではないことにも注目してください。機会を変えた結果、利用顧客の属性や便益等、「機会」の周辺にも変化が波及しており、市場そのものが拡大しています。

このように、製品を変えずして新規客を開拓している商品・サービスの例は、枚挙に暇がありません。

「ターゲット」を変えてみる

次に、便益チャートの「ターゲット」を変えてみましょう。

CASE4：機能的な作業服を「女性向け」にしてみたら？
CASE5：食感の良い子供用お菓子を「ペット向け」にしてみたら？
CASE6：塗装職人向けの粘着テープを「手芸好きの女性」にしてみたら？

CASE4：作業着

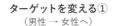

ターゲットを変える①
（男性 → 女性へ）

凡例　■ 大きく変化させた　░ 影響して変化

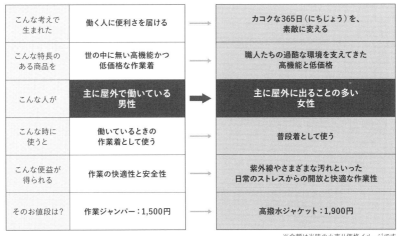

こんな考えで生まれた	働く人に便利さを届ける	→	カコクな365日（にちじょう）を、素敵に変える
こんな特長のある商品を	世の中に無い高機能かつ低価格な作業着	→	職人たちの過酷な環境を支えてきた高機能と低価格
こんな人が	主に屋外で働いている男性	➡	主に屋外に出ることの多い女性
こんな時に使うと	働いているときの作業着として使う	→	普段着として使う
こんな便益が得られる	作業の快適性と安全性	→	紫外線やさまざまな汚れといった日常のストレスからの開放と快適な作業性
そのお値段は？	作業ジャンパー：1,500円	→	高撥水ジャケット：1,900円

※金額は当時の小売り価格イメージです

CASE5：お菓子

ターゲットを変える②
（母親 → 犬の飼い主）

凡例　■ 大きく変化させた　▒ 影響して変化

こんな考えで生まれた	子供が安心して食べられるように	→	愛犬も"カリッ"とした食感を楽しめるように
こんな特長のある商品を	楽しい形とあっさりした「しお味」。食感の心地よさ。さまざまな魚介類の形	→	ノンフライで"カリッ"とした食感と、楽しい形状、チキンパウダーで高い嗜好性
こんな人が	小さい子供を持つ母親	➡	犬の飼い主
こんな時に使うと	おやつの時間	→	愛犬のおやつ、あるいはしつけのご褒美
こんな便益が得られる	子供が喜ぶ。食べている間は多少ラクできる	→	中が空洞であげ過ぎ防止になる。グラム数に対し封入数が多く長持ちする
そのお値段は？	52g：106円	→	50g：320円

※金額は当時の小売り価格イメージです

CASE6：粘着テープ

ターゲットを変える③
（塗装職人 → 文具好き女子）

凡例　■ 大きく変化させた　▒ 影響して変化

こんな考えで生まれた	仕上がりを重視する日本の塗装職人のためにできるだけ薄いテープをつくりたい	→	「色数をもっとたくさん作って欲しい」という要望に応えるために
こんな特長のある商品を	簡単に手でちぎれるが、破れにくい。簡単に貼って剥がせる粘着力のテープ	→	文字が書けて、簡単に切れる色や絵柄の種類が豊富なテープ
こんな人が	建設現場や自動車メーカーなどの塗装職人	➡	雑貨・文房具好きの女性
こんな時に使うと	建築物や自動車を塗装をするとき	→	工作、DIY、デコレーションなどに使う
こんな便益が得られる	周囲が汚れないよう保護するテープの厚みが薄いので、塗装をしたときに段差ができない	→	組み合わせやアイデア次第で楽しむことができオリジナルのモノが作れてうれしい
そのお値段は？	7P：310円〜	→	1P：130円〜

※金額は当時の小売り価格イメージです

いずれも、思い切ってターゲットを180度変えた事例です。「中高年の男性→女性」、「子供→ペット」「赤ちゃん→女性」とした結果、市場が想像以上の広がりを見せました。

たとえばCASE4は、新型コロナ禍にブームとなった「ワークマン女子」――男性向けの作業着専門店であるワークマンが展開する、女性向けのアパレルショップの事例です。従来は、屋外で働く男性向けの作業着だったものを女性向けにし、アウトドアでも使えるおしゃれな普段着に。ターゲットを変えたことで必然的にアピールすべき商品の特長、機会や便益、価格も大きく変化しました。

CASE5は森永製菓の「おっとっと」という食感の良いお菓子を、ユニ・チャームが共同で犬用に開発した事例。

CASE6はカモ井加工紙がB2B工業用マスキングテープをB2C女性向け雑貨に商品化した事例です。

このようにターゲットを変えるときに使われるのが、いわゆる「ペルソナ」分析。新しいターゲット像をメンバーで共有するため、「外に出ることの多い女性」「犬の飼い主」「文具が好きな女性」…と具体化していく手法です。このとき表面的な理解に終わらず、ターゲット像の価値観、ライフスタイル等まで把握できると、商品に込めるべき想いや、新たなターゲット顧客に向けてフォーカスすべき使用機会とそれに伴う便益等も、想像しやすくなるでしょう。

「特長」を変えてみる

便益チャートを見直すポイントは、まず前述したように「機会」と「ターゲット」になります。しかし、どうしても新市場に拡大したいときは、開発コストはかかるかもしれませんが、思い切って「商品特長」の変更まで考えてみたいものです。

この場合、マーケティング部門を超えて商品企画や開発部門との議論も必要となり、いささか話が大きくなります。ですが、「顧客を動かす」というコンテンツづくりのゴールを踏まえるなら、特長の改良も選択肢のひとつとして検討するべきだと思います。

CASE7：家族分で１パックの鍋用つゆを１人用にする
CASE8：シンプルな眼鏡にブルーライトカット機能を加える
CASE9：スーツのシルエットを残しつつ、リラックスできる素材にする

CASE7：鍋つゆ

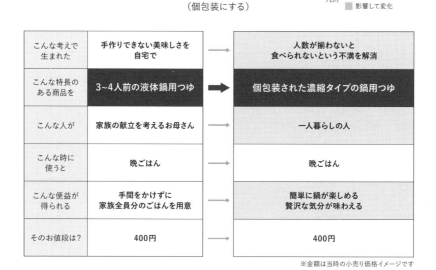

特長を変える①
（個包装にする）

凡例　■大きく変化させた　▒影響して変化

こんな考えで生まれた	手作りできない美味しさを自宅で	→	人数が揃わないと食べられないという不満を解消
こんな特長のある商品を	3~4人前の液体鍋用つゆ	➡	個包装された濃縮タイプの鍋用つゆ
こんな人が	家族の献立を考えるお母さん	→	一人暮らしの人
こんな時に使うと	晩ごはん	→	晩ごはん
こんな便益が得られる	手間をかけずに家族全員分のごはんを用意	→	簡単に鍋が楽しめる贅沢な気分が味わえる
そのお値段は?	400円	→	400円

※金額は当時の小売り価格イメージです

CASE8：眼鏡

特長を変える②
（ブルーライトカット機能を付ける）

凡例　■ 大きく変化させた　▒ 影響して変化

	変化前		変化後
こんな考えで生まれた	視力を補正し、快適に日常生活を送って欲しい	→	ブルーライトによって生じる身体的負担を軽減したい
こんな特長のある商品を	シンプルなデザインの眼鏡	➡	シンプルデザインの眼鏡のレンズにブルーライトカット機能が付いた
こんな人が	視力の悪い人	→	ディスプレイをよく見る視力の悪い人
こんな時に使うと	日常生活	→	パソコン作業。スマホで暇つぶし。タブレットで映画鑑賞
こんな便益が得られる	視力を補正できるファッションとしても楽しむことができる	→	視力を補正できる。ファッションとして楽しむことができる。眼精疲労を軽減できる
そのお値段は？	6,000円	→	7,000円

※金額は当時の小売り価格イメージです

CASE9：スーツ

特長を変える③
（スーツの部屋着化）

凡例　■ 大きく変化させた　▒ 影響して変化

	変化前		変化後
こんな考えで生まれた	ビジネスマンが日替わりでスーツを着られるようにしたい	→	パジャマ以上・おしゃれ着未満のスーツ
こんな特長のある商品を	一年中着られる「色、風合い、質感」にこだわったスーツ	➡	動きやすくソフトな肌触りで部屋着感覚で着れるスーツ
こんな人が	ビジネスパーソン	→	ビジネスパーソン
こんな時に使うと	オフィス勤務時	→	テレワーク、自転車移動、普段着
こんな便益が得られる	清潔感やキチンとした印象	→	リモート画面で見た感じはキチンとした印象着心地がラクで疲れない
そのお値段は？	2万～9万	→	セットアップ1万～

※金額は当時の小売り価格イメージです

CASE7は、自宅でおひとり様鍋を楽しみたい人向けにミツカンが、従来の「寄せ鍋つゆ」を1人前ずつ個包して市場を広げた事例。

CASE8は、シンプルなデザインのメガネに新機能（ブルーライトカット）を付け、スマホやパソコン用のメガネとして「目のいい人」にメガネを勧めたJINSの事例。CASE9は、コロナ禍で在宅ワークが増えたことを逆手に取り、家用スーツ（パジャマスーツ）を開発したAOKIの事例です。

「想い」「価格」「便益」は？

ここまで、便益チャートのなかでも仮説が立てやすく効果も出やすい「機会」「ターゲット」「特長」の見直し例について見てきました。残りの「想い」「価格」「便益」は、次のようなポイントに注意して活用する必要があります。

「想い」の部分は、企業のPurposeやMission等、ビジネスモデルの根幹部分に関わるため、議論がデータドリブンマーケティングの範疇では収まらないケースが大半です。ただ、「自然派の製品を求めている人のために」というより「動物実験をしない製品を求めている人のために」のようにエッジを効かせてみると、より効果的なコンテンツができそうであれば、議論してみる価値はありそうです。

「価格」は、誰もが安いほうが良いに決まっていますので、ここを変えるのであれば、高額にすることでハイエンドのポジションを狙うことになるでしょうか。安易な値引きをするのは避けたいところです。一度価格が顧客を動かす要素になってしまうと、その後も価格訴求をし続けることを強いられ、企業体力が削られます。

「便益」は、製品・サービスの特長やターゲット、機会から生じるため、先に「便益」から考えるのは効率的とはいえません。ただし、「現在は機能的便益を訴求しているものを、共感的便益に変えるには？」等と問いかけながら特長やターゲット、機会を考えるのは良いでしょう。

まず小さな仮説から はじめることが大切

これまで「データ分析の前に仮説づくりがあり、コンテンツづくりがある」と述べてきましたが、手がかりとなる情報が何もないところから便益チャートで全く新しい「機会」や「ターゲット」を考えるのは難しいでしょう。

実際は「そういえばこの前お店に来た人がこんなことを言っていて……」「うちの妻の友達が言うには……」といったN＝1データや、「子供の学校ではこんなことが流行っている」等の情報、「問い合わせ窓口に来ている質問のなかでも多いのは～」といった顧客データ等の**小さなヒントがあって初めて、仮説を立てることができるのではないでしょうか。**

そんな仮説が立てられたら、さらに追加で集められるデータもあるはずです。自分の仮説の確からしさを裏付けるデータがないか、もう少し深掘しておきましょう。国や地方自治体、企業が公開しているオープンデータ、独自に行った実査データ、自社のWebサイト等にアクセスしている顧客行動データ等、使えるデータは何でも使って構いません。社内メンバーへの説得材料としても重要なファクトになります。

仮説は最初から「大ヒット級」のものでなくて構いません。何らかの裏付けさえあれば、「いままで伝えてきた機会」をほんの少し変えるところからでも良いのです。さあ、まず小さな仮説を立ててみるところからはじめましょう。

それは本当に差別化ポイントか？

機会やターゲット等を変える確からしい仮説が立てられたところで、競合となる製品･サービス群のなかで埋もれてしまわないよう､直接競合（製品・サービスやターゲット顧客が自社と同じ）や間接競合（製品・サービスは異なるが利用顧客が同じで、類似した便益を同じくらいの価格で提供しているもの）との差異がどこにあるのか、明確に差別化できるのか、差別化できないならどのような打ち手を講じるべきか等を、検証する必要があります。

それにはポジショニングマップづくりが有効です。ポジショニングマップとは、縦軸（Y 軸）と横軸（X 軸）で区切った4つの領域に自社と競合を位置づけることで、競争優位性のあるポジションを探るフレームワークです。

マーケターならばポジショニングマップの基本は理解しているはずです。ここでは4つのポイントのみ示します。

❶ XY 軸が顧客のニーズと自社が伝えたいことの最大公約数になっている
❷ XY 軸に価格を設定しない
❸ XY 軸は上下左右でそれぞれ、できるだけ対になるニーズを入れたい
❹顧客のニーズによっては、直接競合だけでなく間接競合も置く

❶ XY 軸が利用顧客のニーズと自社が伝えたいことの最大公約数になっている

4つのポイントのうち特に重要なのは、❶ XY 軸が顧客のニーズに基づいていることです。軸として設定する項目は、アンケート等から得られた

ポジショニングマップの活用

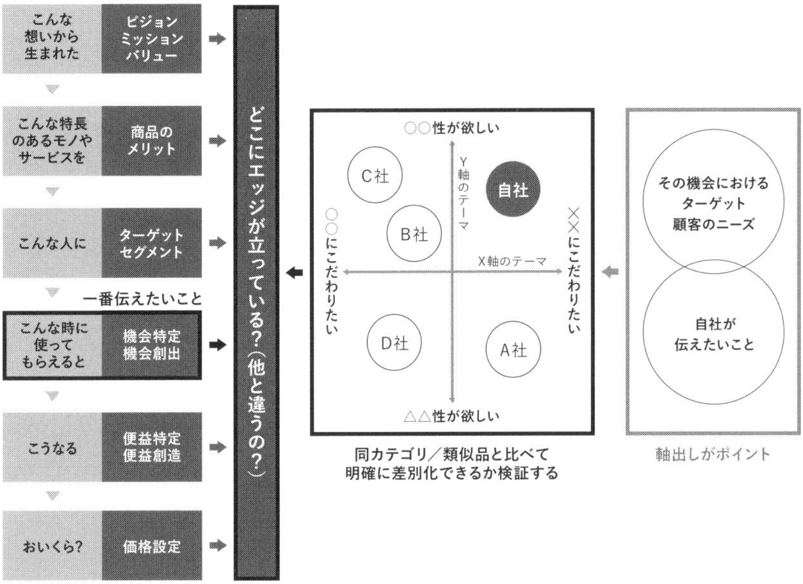

顧客のできるだけ上位ニーズ（重要度の高いもの）で、同時に自社が伝えたいことが含まれるものにしましょう。

参考までに、食品の利用シーンを「おやつ」→「仕事中の栄養補給」と変化させてみる場合のことを考えてみます。ターゲットとなるビジネスパーソンが仕事中に困っていることは、どんなことでしょうか。実際のアンケートからターゲット層のニーズを抽出し、その上位項目をXY軸に当ててみる必要があります。

たとえば「素早く食べられる」「眠気覚ましになる」「腹持ちがいい」「移動中でも食べられる」等が、上位に挙がるかもしれません。

また一口に「ビジネスパーソンがターゲット層」といっても、男性か女性か、デスクワークが多い職種か否か等、ターゲットも一様ではないはずです。それぞれのニーズを出してみるといいでしょう。上位のニーズをXY

軸とし、そこで生まれた4つの象限において、自社と他社がどのようなポジションにあるかを確かめます。

また、衣類のターゲットを「肉体労働者の中年男性」→「アウトドア好きな若年女性」に変化させる場合はどうでしょうか。アウトドア好きな若年女性が衣類に求めるポイントをアンケート等から探り、ターゲット層のニーズとして上位項目をXY軸にします。たとえばそれは「おしゃれ」「高機能」「普段着として使える手頃な価格」等かもしれません。ただし「アウトドア好きな若年女性」も一様ではありません。

どんなアウトドアが好みか（海か山か、キャンプか登山か等）、出かける頻度、年収等によってもニーズは変わることでしょう。ここでも、それぞれの上位ニーズをXY軸に割り当てることで、自社と他社がどのようなポジションにあるかを確かめ、より自社の強みを発揮でき、利益が大きくなるような顧客をターゲットとして発見することができます。

2 XY軸に価格を設定しない

XY軸に価格を持ってきていけないのは、基本的には誰しも「安くて高品質のものが良いに決まっている」からです。先程も触れましたが、顧客を動かすコンテンツが「価格」推しになると、その後ずっと価格訴求をし続けなければならなくなり、企業体力が削られます。原則として、積極的に低価格ポジションを狙うのは、企業体力が恵まれた大企業以外とるべき戦略ではないと考えましょう。

金銭的なインセンティブを使って顧客を動かしたいなら、期間限定のキャンペーンプログラムやポイントプログラム等にしたほうが無難です。

3 XY軸は上下左右でそれぞれ、できるだけ対になるニーズを入れたい

XY軸には、できるだけ対称となる概念を入れましょう。たとえば、

- ○○が高い←→低い
- ○○が強い←→弱い
- フォーマル←→カジュアル
- 専門性←→多様性

というかたちです。このように対になる概念を入れると、自社と競合のポジショニングがより明確になります。

この場合、「高い・低い」等の使い方には注意が必要です。下記に示した例のように、軸に相関性を持たせてしまうと、自社・他社が一直線に並んでしまい、差別化がしにくい状況になるからです。

相関性のある軸では、ポジショニングしにくい

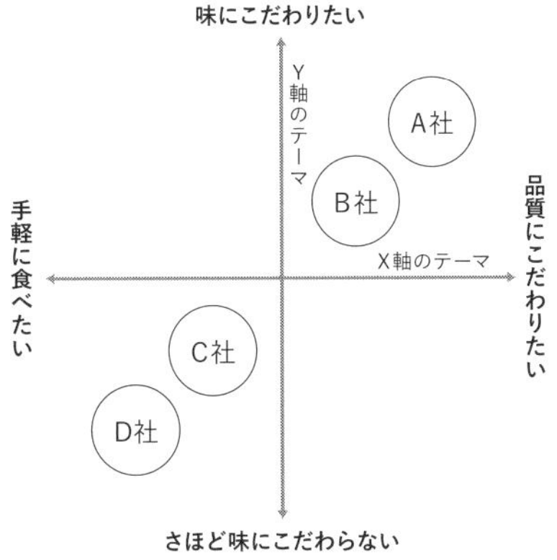

❹利用顧客のニーズによっては、直接競合だけでなく間接競合も置く

利用顧客のニーズによっては、間接競合もポジショニングに加える必要があります。

たとえば、ダイエット食品において「きれいに見せたい・見られたい」という漠然とした顧客ニーズがあると仮定すると、化粧、フィットネスクラブ、スポーツジム、ヨガ、○○法の書籍、YouTube動画、DVD、美容外科等、相当数の競合が考えられます。

後で利用顧客のデータを分析すれば、本当の競合がどこなのか、より精緻に把握できることでしょう。しかし、顧客の限られた時間とお金を勝ち取るための競争は熾烈です。あらかじめ競合を想定したアプローチ方法を考えておかなければいけません。

差別化ポイントが見つからないときは

こうして伝えたいことの仮説の確からしさにある程度の確信を持てたところで、新しいコンテンツづくりへと進みます。

しかし、ここまで検討してみても、なかなかエッジの効いた（他社と差別化できそうな）請求ポイントが見つからない……ということがあるかもしれませんが、次章でご紹介するコンテンツの「切り口」を考えていくプロセスで、突破口が見えてくることを期待しても良いと思います。

まずは、ターゲット顧客をゴールに向けて動かし、データを取得してみることで、何らかの手ごたえを得ることを優先しましょう。

COLUMN

「ペルソナ」って、本当に使えますか？

カスタマージャーニーとセットで議論されることが多い「ペルソナ」。個人プロフィールまで落とし込んだペルソナをよく拝見しますが、内部スタッフ間でターゲットのイメージを共有できるとはいうものの、マーケティング戦略を立てたり、コンテンツを考えたりするうえで、あまり役に立ったことがないというのが私たちの本音です。

ペルソナは、そもそもシステム開発を伴うUI設計の際、利用者にとって致命的なヌケがないようにするためには大変有効なものです。しかし、マーケティング戦略を立てる際に、こと細かに「個人」を明確にしている時間があるなら、パーソナライズしてアプローチすればいいのでは？ と考えてしまいます。個人プロフィールまで書かれたペルソナは、どんな仮説の基に必要とされているのか？ その人のどこにエッジが立っているのか？ を明確にしない限り、施策やコンテンツを考えていくヒントにはなりにくいものではないでしょうか（と書くと、ご批判を受けてしまうかもしれませんが、皆様の現場ではいかがですか？）。

CHAP.
4
コンテンツをつくる

コンテンツ企画・制作の手順

3章で紹介した手順によって、伝えたいことが差別化できそうであれば、具体的にどう顧客に提示するのかを考え、施策として目に見えるかたちにしていく、コンテンツの「企画・制作」へと進みます。

ご存じの通り、企画・制作に関わるのは、マーケティングプランナーだけではありません。たとえば、コンテンツをよりインパクトのあるかたちで美しく整える作業はデザイナーやムービークリエイターに、PCやスマホ等のデバイスに合わせて加工する作業はコーダー、エンジニアらに任せることになります。

マーケティングプランナーが担う作業は、コンテンツで訴求したい核となるところやそこから生まれるコンテンツ全体の方針策定です。それらを固め、メンバーに周知しなくてはなりませんし、上がってきた成果物について、良し悪しを厳しくジャッジする必要があります。

ここで改めて確認しておきたいのは、**製品・サービスの説明カタログをそのままコンテンツにしても響かない**、ということです。優れたコンテンツには顧客を態度変容させる力がありますが、製品カタログは、それとは対照的です。情報が網羅的にまとまっているだけでは、「だから何？」という反応で終わってしまいます。

では、具体的に何をするか。コンテンツづくりの具体論については拙著『コンテンツ・デザインパターン』に詳細を記載していますが、本章では、そのなかでもマーケティングプランナーが担う重要作業、つまりコンテンツによって誰に・何を・どう伝えて・何をしてもらいたいのかの整理方法について解説します。

1コミュニケーション顧客を決める

まずコミュニケーション顧客が誰になるのかを決めます。顧客にあえて“コミュニケーション”と付けているのは、「製品・サービスの利用顧客＝実際に使う人」と「コミュニケーション顧客＝購入する人」がイコールとは限らないからです。

たとえば、知育玩具の利用顧客は幼児ですが、購入するのは親や祖父母、親の友人等でしょう。塾や家庭教師の利用顧客は学生ですが、コミュニケーション顧客には親も入ってきます。母の日のプレゼントキャンペーン等を行う場合は、コミュニケーション顧客は子供やその父親になることもあります。

2カスタマージャーニーマップを活用する

次に、コミュニケーション顧客と製品・サービスの「関係性（＝どんな購買ステージにいるか？）」を明確にします。たとえば、

・潜在期（検索前期）：明確な目的がなく、何かを知りたがっている
・検索期（検索後期）：ある製品・サービスのカテゴリに興味がある
・購入検討期：ある製品・サービスに強い関心を示している
・支払期：購入する製品・サービスを決める、使いはじめる
・ユーザー期：継続購入する、頻度高く継続購入する、購入を再開する
・ポジティブユーザー期：製品・サービスを誰かに紹介する
・ネガティブユーザー期：製品・サービスに疑問が生じる、購入を止める、批判する

……等が考えられます。購買ステージの分類方法は、商材によって異なりますし、企業によって定義や標記の仕方も異なります。

いわゆる「カスタマージャーニーマップ」といわれるものは、こういった顧客と製品・サービスの関係性（購買ステージ）を時系列に並べ、コミュニケーション顧客が製品・サービスと関わる過程で行動や感情、思考がどう変化し、次の購買ステージにたどり着くのかを可視化するために使われるフレームワークのことを指します。

コンテンツをつくる際には、自社製品・サービスにおけるカスタマージャーニーマップを見たときに、どの購買ステージにいるコミュニケーション顧客を狙うのか？ を最初に決めましょう。現在の購買ステージがわかれば、次のステージへと態度変容させるための効果的な訴求方法が見えてくるからです。また、そういった情報を社内の各部署で共有することにより、目的の目線合わせが進み、顧客を態度変容させるためのデータやヒントを交換するきっかけづくりになると考えられます。

❸切り口を考える

コンテンツ制作における**「切り口」とは、コミュニケーション顧客に対して、もっとも効果的・効率的に伝えたいことが伝わる方法**を指します。ただし、「製品を大きく見せる」とか「独特の色で見せる」とか「耳あたりの良いキャッチーな音楽を流す」といった、具体的な“表現の手法”ではありません。コピーライティングやデザインの前に必ず、コミュニケーション顧客の態度変容を促す“切り口やシナリオ”を組み立てましょう。

まず**①顧客に関心を持たせるための切り口**と**②顧客をスムーズに誘導するための切り口**という、2つのコンテンツの「切り口」を巧みに組み合わせて、コミュニケーション顧客の態度変容を促すためのコンテンツを考えてみましょう。

3 -1 顧客に関心を持たせるための切り口とは?

コミュニケーション顧客と製品・サービスとの関係性（＝購買ステージ）に合わせて、顧客に受け入れられやすいように伝えたい情報を編集する方法です。3つほど例を挙げてみましょう。

関心を持たせる切り口の例：こんなときどうする？

主に潜在期（検索前期）の顧客に向けて、自社商品カテゴリに気付いてもらうために使うことが多い切り口です。

「赤ちゃんの夜泣き防止に効く５つのポイント」
「データを消してしまったかも！まずやるべき復元方法」
「結婚式はしたほうがいい？ しないほうがいい？」

……という日常生活やビジネスのハック記事で顧客の関心を惹きます。

上述した例の受けとしては、「夜泣きにはこういう食べ物がいいですよ（食品メーカー）」と、自社製品・サービスのカテゴリを気付かせたり、「ここに書かれている方法をすべて試してもデータが復元しなければ当社へご相談ください（パソコン小売り）」と伝えたり、「さまざまな結婚式のメリット・デメリットを提示しながらも、リング選びも大事。自分たちに合った、こんな自由なデザインができる（貴金属製造小売り）」といった直接的な導線をつくっていきます。

企業がつくる場合、あくまでも顧客が知りたい情報でないと意味がありません。やみくもに集客するだけなら、アフィリエイトサイトになってしまいます。顧客ニーズを的確にとらえ、自社まで引っ張れるような入念な設計が求められます。

関心を持たせる切り口の例：～してみました／～させてみました

主に検索期（検索後期）の顧客に向けて、自社製品・サービスに誘導するために使うことが多い切り口です。

「頭の固いレガシー上司に、DXを10分で理解させてみた」
「工務店3社に間取りを提案してもらったら……驚きの結果に！」
「競輪選手と電動自転車に乗る主婦が、日本一急な坂道対決」

……というような、YouTubeの鉄板ネタでおなじみの切り口です。顧客の関心がある領域で、「それはちょっと知りたいな！」と思わせるようなところにフォーカスすることがポイントです。

上述した例の受けとしては、「CRMツールを使ったらたった10分の操作でDXが理解できていた（ITサービス）」とか、「どの間取りも、外構に水栓があることで、テラスをこんな風に使えるという提案があった。イマドキの家を建てるならおしゃれな水栓も考えてみて！（水栓メーカー）」とか、「最新型の電動自転車は、こんなにもパワーが！お近くの店舗で体感してください（自転車メーカー）」といった内容が考えられ、自社製品・サービスサイトへの強力な導線を張っていくことができます。

関心を持たせる切り口の例：タテ比べ

主に、購入検討期の顧客に向けて、自社商品を選んでもらうために使うことが多い切り口です。タテ比べとは生活者の過去との比較、逆にヨコ比べとは競合他社との比較を言います。

「数時間かかったバグ調査が、○○ならわずか5分で解決！」
「もう会議中にメモをとらなくてもいいんです！」
「コーヒー豆の本来の甘みを知っていますか？」

……というように、Before → Afterを数字や体験等で示し、同じような体験をしたい人の関心を惹きます。

上述した例の受けとしては、「エンジニアの時間を無駄にしないために、バグ問題のオープン型FAQを使いましょう！（ITサービス）」とか、「リモート会議の議事録はAIにお任せ！（ITサービス）」とか、「コーヒーって苦いものだと思っていた人は、きっと当社のコーヒーを飲んだらコーヒーの概念が変わりますよ！（小売店）」といった内容が考えられ、自社製品・サービスの特長の訴求にもつながります。

このようにコミュニケーション顧客に関心を持たせるための切り口は、顧客に当社の製品・サービスを認知してもらったり、理解してもらったりするためのイントロダクションとして活用しますが、伝えたい製品・サービスの情報をその内容に“違和感なく”埋め込んでいけるかが重要です。

参考までに21種類の切り口のヒントを掲載しておきますが、ほかにもいろいろあると思います。こちらも具体的な事例と一緒に拙著『コンテンツ・デザインパターン』に詳細を掲載していますので、ぜひ参考にしてください。

顧客に関心を持たせる切り口リスト

	切り口の例	ヒント
潜在期（検索前期）の顧客に向けて、自社商品カテゴリに気付いてもらうために		
1	**～って何？**	バズワードやいまさら聞けない基礎知識等と、自社商品の「カテゴリ」をつなげられないか？
2	**こんなときどうする？**	子どもが泣き止まないとき、どうしたらいい？運動会の写真をきれいに撮る方法は？……等、日常生活のなかで知りたいHowToと自社商品の「カテゴリ」をつなげることはできないか？
3	**何コレ？**	もしいまネットがなかったらどんな生活をするのか？といった、普段の生活で、言われてみれば……と思うことを、自社商品の「カテゴリ」で伝えられないか？
検索期（検索後期）の顧客に向けて、自社商品に誘導するために		
4	**～させてみました**	掃除をしたところに再度掃除機ロボットを稼働させたら？日本一の坂道を電動自転車で登ってみたら？等、自社商品を使って、常識や王者にチャレンジしていくことはできないか？
5	**ここまで見せます**	ビールの製造工程や飛行機の整備方法、鮮魚や陶器材料の選定基準や方法を見せる……等、普段みられないプロセス、究極のこだわりの紹介を、自社商品を使ってできないか？
6	**購入前Q&A**	購入前にありがちな不安に対して、現場スタッフが真摯に、ときにはリアルタイムで応えることはできないか？
購入検討期の顧客に向けて、自社商品を選んでもらうために		
7	**タテ比べ**	顧客が使っている（いた）自社商品との性能の違いを数値で比較したり、新旧プリンターを使って印刷した出力紙や新旧炊飯器の米の炊き具合等を見せたりして、どう進化したか？等を自社商品でできないか？
8	**ヨコ比べ**	他社の商品に比べて具体的に何がいいのか？スペック的な比較ではなく、他社商品と違った「便益」を言えないか？
9	**診断**	エゴグラムやエニアグラム等を応用したYES・NOチャート、チェックシート等を使い、顧客が○○タイプであるということにして、そこから自社商品に結び付けられないか？
10	**利用シーン**	顧客のニーズや属性、体形、性格、ライフスタイル等に近しい利用者の声を伝えることで、自社の商品を使うと、いまの生活がどのように変わるのか？を紹介できないか？

支払期の顧客に向けて、購入の背中を押すために		
11	さっそく ワクワク	「商品を使うとこんなに生活が変化するから、すぐにやってみて!」と、購入直後にまずやってほしいことを自社商品では何か伝えられないか?その成果をほかの人にも紹介させられないか?
12	心配ご無用	保険の事故対応の事例や住宅のお手入れ方法のように、よくある購入後のお悩みを事前にわかりやすく伝え、安心感を与えられる情報は自社商品にあるか?
13	人生を変える ほどの…	○○すると……ダイエット効果もある、料理のバリエーションが圧倒的に増える、一生使える資格が手に入る、クラスで人気者になれる……等のように、大きな良い変化を自社商品で伝えられないか?
ユーザー期の顧客に向けて、購入に自信をもってもらうために		
14	利用時の安心	製造元、材料等のファクト情報を公開したり、第三者機関のお墨付きがあったり、実際の利用者の声も交えて、安心して使っていただけることを自社商品で伝えられないか?
15	使い方新発想	自社が想定していなかった使い方や世界中のユーザーによって生み出された全く新しい活用方法はないか? それを、さらに多く人に紹介できないか?
16	さらに+α	いま購入していただいたものに、ハードやソフトウェアでニューアイテムを加えるとさらに便利になったり、仲間が増えたりする付加価値が自社商品にはないか?
ポジティブユーザー期の顧客に向けて、さらにファンになってもらうために		
17	有名人と つながる	一般ユーザーが使っている商品と同じものを使っている「すごいプロたち」の使い方を紹介したり、一般ユーザーがそのプロを応援できたり……等の場や情報提供ができないか?
18	承認される	顧客の意見を聞き、実際に商品が改善されることを可視化して、顧客に見せることができないか?
19	コミュニティ	ほかのユーザーと喜びを分かち合う場、ワークショップ等を通じて企業と一緒に価値をつくるような場や情報提供ができないか?
ネガティブユーザー期の顧客に向けて		
20	改善しました!	改善活動の報告、改善後の顧客の声……等、問題へのきちんとした対応を公開できないか?
21	利用者Q&A	顧客からの不満を公開し、それに自社が真摯に答えることを可視化したり、ポジティブユーザーに助けてもらったりして、不満のあるユーザーをサポートすることはできないか?

3 -2 顧客をスムーズに誘導するための切り口とは？

先述の「顧客に関心を持たせるための切り口」でコンテンツに引き込まれた顧客に、こちらが提供する情報にポジティブなイメージをもっていただき、次のアクションをおこしてもらえるようにする方法です。

4つほど例を挙げてみましょう。

スムーズに誘導させる切り口の例①
安心度合いを高めるための「バンドワゴン効果」

「ユーザーアンケートで業界No.1」

大勢の人が支持しているものの人気は、さらに高まるという「バンドワゴン効果」を参考に、みんなが買っているものを買いたい心理に訴える例です。SNSで「いいね数」や「保存数」が多いことやECサイトでの販売ランキング1位、多くのメディアに紹介されたこと等の実績を紹介できるようであれば、コンテンツに加えたいところです。

スムーズに誘導させる切り口の例②
納得度合いを高める「損失回避性」

「○○しないと将来○万円がムダに！」

人は、利益と損失が同額である場合、利益の効用より損失の苦痛のほうがはるかに大きく感じるという「損失回避性」を参考に、「○○すれば○万円お得！」ではなく、購入しなかったことを訴求していきます。自社の製品・サービスを使わないで損をしてしまわないように、科学的にアピールすることができれば使ってみたい手法です。

スムーズに誘導させる切り口の例③
信頼度合いを高める「権威に従う」

「著名な大学教授による商品解説」

私たちは、科学者や専門家等、権威あるものからの情報を信じやすいため、その世界の権威のお墨付きは強力です。ある特定分野の社会的権威のある方からコメントをいただく、紹介していただく……等が可能であれば、ぜひ使いたいものです。

スムーズに誘導させる切り口の例④ 欲しくさせる「スノップ効果」

「世界生産ロット1,000点。残り在庫2点のみ！」

他人が持っているものは、欲しくないという心理を利用した小ロットの商品販売や○○の方だけというような顧客限定、販売期間や時間の限定等を打ち出し、貴重性や希少性を演出してみるのも、顧客の背中を押すきっかけになるでしょう。

これらは、行動経済学や認知科学等でよく見られる人を動かす手法です。悪意をもって使えば、"顧客をだます"ことにもつながりかねません。コンプライアンスを守って正しい情報を顧客に提示し、その情報を基に顧客の意思決定を促すための方法として「顧客をスムーズに誘導する切り口」を活用したいものです。

以下、あくまでも一例となりますが、34の切り口のヒントを挙げてみました。コンテンツの「好感度合いを高める」「安心度合いを高める」「納得度合いを高める」「信頼度合いを高める」といった目的に加え、コンテンツを通じて「欲しくさせる」「意思決定しやすくする」「買いやすくする」「継続して購入しやすくする」といった目的に沿って分類しています。学術的解釈ではなく、マーケティングプランニングの現場で使えるフレームワークにしていることを付け加えておきます。

顧客をスムーズに誘導するための切り口リスト

	切り口の例／人の心理的傾向		ヒント
好感度合いを高める			
1	**好意**	自分が好意を持つ人からの頼みごとに応じやすい	ターゲット顧客が好む著名人を活用した広告制作ができるか?それによって、自社ブランドの好感度が上がるか?
2	**ザイオンス効果（単純接触効果）**	何度も見たり聞いたりすると、その人やモノに対する好意度が高まる	同じコンテンツを、ターゲットが接触するさまざまなメディアで展開できないか? 1コンテンツのなかで、繰り返し同じことを言えないか?
3	**プライミング効果**	最初に見たものから刺激を受け、無自覚なまま行動を起こす	最初に製品・サービスを使っている動画等を見せられないか? アンケートを通じて製品・サービスに目を向けさせられないか?
安心度合いを高める			
4	**心理的リアクタンス**	自分で自由に選択できる環境が脅かされる場合、反発する	Webページのなかで、自分の行きたいところにストレスなく遷移できたり、入力の必須項目をできるだけ減らしたりできるか?
5	**社会的証明**	他人の考えや思想に影響を受け、自分の判断や行動を決定する	多くのポジティブなクチコミやランキングで上位にあること、何らかの分野でNo.1であることの情報を提供できないか?
6	**代表性バイアス（ステレオタイプ）**	代表的な事例を基準にして物事を判断する傾向がある	自社ブランドイメージをポジティブに強化できる代表的な購入者・利用者を出して、「この人が使っているなら!」とアピールできるか?
7	**同調行動**	周りの言動等に合わせて、自分も同じような言動をとってしまう	購入者、体験者、権威のある方々から高い評価を得たり、SNS等で数多く紹介してもらった実績をコンテンツに採り入れられるか?
8	**バンドワゴン効果**	大勢の人が支持しているものの人気は、さらに高まる	SNSで「いいね」「保存数」といった数が多いこと、ECサイトでの販売ランキング1位、多くのメディアに紹介されたこと等の実績を紹介できないか?
納得度合いを高める			
9	**イエス誘導法**	何度もYESと答えていると、あらゆることにYESと答えてしまうことが多い	顧客が共感しやすいこと（～が大変ですよね、～に困っていますよね）を繰り返し伝えながら、自社製品・サービスを提案していけるか?
10	**損失回避性**	利益と損失が同額である場合、利益の効用より、損失の苦痛のほうがはるかに大きく感じる	今後当社の製品・サービスを使わないと、損をしてしまうかもしれません。ということを科学的に打ち出し、共感を得ることが可能か?
11	**ハロー効果**	1つの良し悪しの評価が直接関係のないほかの評価に影響する	他社とも差別化できる1つの商品特長を強く打ち出し、ほかの特長をその下に入れるようなかたちで訴求できないか?

12	**ジンクピリチオン効果**	よくわからない専門用語があるだけで評価や説得力が上がる	製品・サービス名に、何か凄そうな名前を付けられないか?
信頼度合いを高める			
13	**権威に従う**	科学者や専門家等、権威あるものからの情報を信じやすい	ある特定分野の社会的権威のある方からコメントをいただく、紹介していただく……等は可能か?
14	**参照点依存症**	ある基準(参照点)に引きずられ、自分に都合がいいように、物事を評価する	人気や売り上げ等を示すグラフで、とても成長しているところにフォーカスして見せられないか?
15	**確証バイアス**	「自分に都合のいい情報」を集めやすい	関心を高める切り口の「診断」を使う際、診断結果で顧客の未来を明るくするヒントが商材にあることを伝えて、商材をポジティブに捉えてもらうことは可能か?
欲しくさせる			
16	**スノッブ効果**	人が持っているものは、欲しくない傾向がある	小ロットの商品、購入可能な顧客限定、販売期間や時間の限定等、貴重性や希少性を演出できないか?
17	**ヴェブレン効果**	商品の価格が高いほど需要が増加する現象がある	顧客を高いものを購入することで自己顕示欲を満たすような人、優越感に浸るような人として、ラグジュアリー感を訴求できないか?
18	**内集団バイアス**	自分が所属する内集団を他集団よりも高く評価する	顧客を年齢や年収等のクラスタに当てはめて、「～クラスの方であれば、このくらいは持っておいた方が良いですよ」と訴求できるか?
19	**カリギュラ効果**	ダメと言われるとかえって興味を掻きたてられやすい	「～の方は、絶対買わないでください」「同業者はチャンネル登録しないでください」等、ダメといえることが提示できるか?
20	**エンダウド・プログレス効果**	ゴールに近づくほど、モチベーションを上げる習性がある	ポイントを新たに付与する場合、最初にいくつか無料で付けられるか?
意思決定しやすくする			
21	**おとり効果**	第三の選択肢を提示されることで、当初の2つの選択肢の一方に誘導される	2つから選ばせるのではなく、3つ目の選択肢を用意して、本来購入していただきたい方向に目を向けさせられないか?
22	**極端性回避**	いくつかのグレードがあると、真ん中のグレードのものを選ぶ	2択よりは、3択にして、真ん中の価格に注目させる価格設定ができないか?
23	**決定回避の法則**	選択肢が増えるほど、意思決定しにくくなる	顧客が意思決定しやすいように、決める項目を減らせるか? 決めるための軸とその理由を明確に提示できるか?

24	**アンカリング効果**	最初に印象に残った数字やモノが、その後の判断に影響を及ぼす	最初に高い金額、過剰品質なモノを出してから、大きく値引きをしたり、納得できる品質のものを提示したりできるか?
25	**フット・イン・ザ・ドア**	まず簡単な要求からスタートし、段階的に要求レベルを上げる	まず簡単にはじめられるスモールスタートの案を提示できるか? 無料体験等を用意できるか?
26	**フレーミング効果**	同じ意味の情報であっても、説明方法で意思決定の内容が変わる	同じ言い方でもどちらのほうがいいか、検討しているか?(たとえば、脂肪分10%↔無脂肪分90%、死亡率10%↔生存率90%、青色↔ブルーライト、DHA3g配合↔DHA3,000mg配合)
買いやすくする			
27	**現状維持バイアス**	知らないことや経験したことがないことを受け入れたくない	いつも購入いただいているものや購入タイミング等を分析して、該当商品を提案できるか?
28	**現在志向バイアス**	時間が経てば多くの利益/損失があると知っていても、目先の利益を選んでしまう	メンテナンスコストや不安要因等を伝えつつ、まず購入時のメリットを大きく、しっかりと言い切れる商材か?
29	**返報性の原理**	人から何かしてもらったとき「お返しに自分も何かしなきゃ」と思う	無料でお試しができるようなオファー、まだ購入いただかなくても、積極的に検討いただけるようなサービスを用意できるか?
30	**プロスペクト理論**	得するより、損を避けたいという感情の動きのほうが働く	プレゼントをする場合、「全員無料」「もれなく」等の特典を用意できるか?
31	**保有効果**	自分が所有するものに価値を感じ、手放したくないと思う	いまお持ちの○○に××するだけ! と訴えられないか?
継続して購入しやすくする			
32	**ウィンザー効果**	第三者を通して伝えてもらった方が、嬉しく感じる	特に既購入者に対して、購入後の納得性を高めるために、ほかの購入者、体験者の声(レビュー)等を通じてその商材の良さを伝えられるか?
33	**ピグマリオン効果**	良い期待を持って接せられると、直接的or間接的に作用し、実際に良い結果につながる	よく購入いただいている方には、感謝や特別オファー等の優待をして、顧客と自社の良好な関係性を可視化できないか?
34	**ピーク・エンドの法則**	過去の思い出は、最良のときと、終わりのときに大きく影響される	何か問題があったとしても、嫌な思いを引きずらせずに、すぐにその場でフォローし満足させる対策ができるか?(ネットの場合はリアルチャット等)

このように訴求したい内容に対し、①顧客に関心を持たせるための切り口と②顧客をスムーズに誘導するための切り口、それぞれどんな切り口が使えるか考える癖をつけましょう。その際、1つの切り口の手法にとらわれる必要はありません。むしろ、1つの訴求内容に対し、たくさんの切り口を思いつけることがプランニングにおいては重要なスキルです。特にマーケターなら、コピーやデザインといった「表現」のレベルの幅ではなく「切り口」のレベルの幅を広げることを、常に意識してください。一般的に「クリエイティブ力が高い」とはどのようなことか、定義はさまざまあると思いますが、本書においては「クリエイティブセンスがある＝商材や市場の状況に合わせて切り口を考えるのがうまい」と考えています。

また切り口を検討する際、常に忘れないでおきたいのは「コミュニケーション顧客には時間がない」という事実です。顧客は、そのコンテンツを見るために時間を使うか否かを数秒で判断しますので、極めて短い時間で顧客の懐に飛び込む必要があるということです。そのためにも、有効な切り口の立案は重要なのです。

COLUMN

切り口の学び方

切り口を考えるのがうまい人は、「どうすれば、人に関心を持ってもらいやすくなるか？」「スムーズに行動してもらえるようになるか？」を知っています。切り口を考えるのが苦手な人は、日常生活のなかからさまざまな切り口を学ぶしかありません。

自分が心動かされた広告やプロモーションコンテンツを、写真やキャプションを撮ったりして保存し、どんな切り口が使われているのか？ をメモし、まとめていつでも見られるところに残しておきましょう（たとえばDatabaseアプリやPinterestのようなSNS等）。次の仕事で切り口を考える際に、繰り返し眺めていくことで、自ずと切り口が身につくようになります。

❹コミュニケーション・シナリオを考える

伝えたいこと、コミュニケーション顧客とその状態、切り口が決まったら、どのようなシナリオで伝えていくかを設計します。シナリオとは、マーケティングプランナー自らが営業パーソンになったつもりで「目の前の顧客に話しかけ、態度変容させていくための台本」です。コミュニケーション・シナリオは大きく**「メディアとデバイス」「コンテクスト」「インセンティブ」**を考えることで、まとまります。

コミュニケーションシナリオの要素

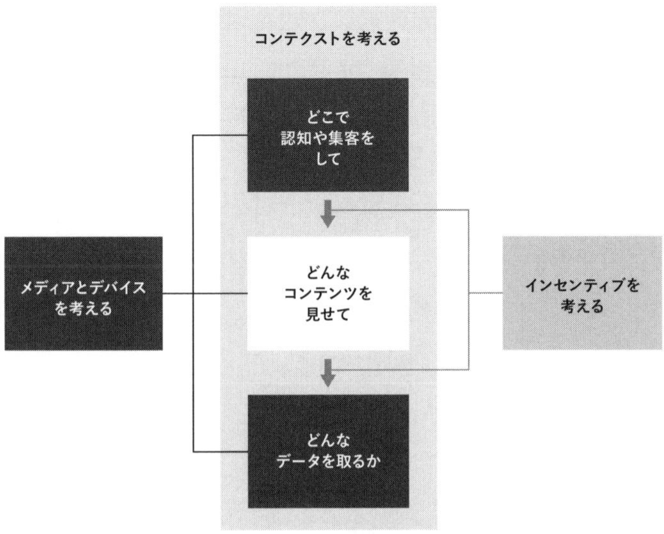

4 -1 メディアとデバイス

コミュニケーション・シナリオが「台本」であるならば、メディアやデバイスは、いわば「劇場や映画館、テレビ、小説、漫画、Web動画等」といった配信プラットフォームにあたります。私たちは、コミュニケーション顧客に伝えたいことを効果的かつ効率的に伝えるために、その顧客の目に留まりやすいメディア、顧客がよく使っているデバイスを決める必要があるわけです。その際に、

・認知経路は？（例： Owned、SNS、Paidといったデジタル系メディアと紙や店舗などのリアル系メディアとの組み合わせ方）
・興味関心をもってもらうためのそのメディアやデバイスならではの仕掛けは？（例：ボタンを押すと動画による演出がはじまる、QRコードを読み取ると○○が起動する）
・最終的に何で、どんなアクションをさせ、どんなデータを取得するのか？（例：商品名で検索してもらう、資料請求してもらう、キャンペーンに応募してもらう）

……といった、具体的な流入導線やアクションのさせ方も同時に考えておきます。

メディアやデバイスを決める際には、過去どんな施策をどんなメディアを使って実施したら、いくら費用がかかって、成果はどのくらいあったのか？ という自社データや広告代理店から入手できるデータを参考にして、想定できる複数の方法の費用対効果を出しておくと良いでしょう。もちろん、この後考えるコンテクストやインセンティブに合わせて、メディアやデバイスの調整が必要になりますので、ここで決定させる必要はありません。

また顧客を動かしたときに得られるデータは、アクセスログのほかに、

個人情報やMA（Marketing Automation）で取得できる情報、購買情報等、1章で示したようなさまざまなものがありますので、取得項目は？ どのフォームを使うのか？ EFO（Entry Form Optimization）は使うのか？ どのDB（Data Base）で取得し分析はどう行うのか？ ……といったことまで把握した上で、最適なメディアとデバイスを考えなければなりません。

デジタル系メディアとデバイスの選定

メディアの例			デバイスの例	
Owned	SNS	Paid	プライベート	パブリック
●企業サイト ●製品サイト ●サービスサイト ●広告受皿LP ●自社管理のBlog ●アプリ …等	●Instagram ●YouTube ●Twitter ●Blog ●LINE ●TikTok …等	●バナー広告 ●リスティング ●アフィリエイト ●記事広告 ●SNS広告 ●OOH …等	●スマホ ●パソコン ●タブレット ●VR・AR …等	●デジタルサイネージ（大型・店頭） ●交通系モニター …等

4 -2 コンテクストを考える

仮に伝えたいことが、下記のような製品特長だったとします。

「1人用の使いきりサイズのおいしい鍋の出汁」（食品メーカー）
「テラスとリビングが一体化した大空間」（住宅メーカー）

これを顧客に伝える際、私たちは最初どのように言うでしょうか？

顧客自らスーパーの売り場や住宅のショールームに来ているのであれば、そのまま「鍋の出汁要りませんか？」「こんなテラス要りませんか？」と言っても、違和感はないかもしれませんが、まだ関心の浅い人にWebの広告や自社のサイト等で、いきなり商品をお勧めすると顧客は引いてしまいます。しかし、

「一人暮らしの方のなんと○%が野菜不足を感じています。健康のために美味しく野菜を食べましょう！」
「在宅時間が増え、家で気分転換ができるスペースが欲しい人が○%も増えています！」

……といった内容を最初に伝えられれば、足を止めてくれる人や共感してくれる人たちも一定数いらっしゃるのではないでしょうか？ 顧客は「企業がなぜ私に話しかけてくるのか？ を知りたい」からです。このように、顧客に動いてもらうには**「どうして私たちは、この製品・サービスをみなさんにご案内しているのか？」という「Why ？」の部分をまず提示する**とコンテンツは読んでもらいやすくなります。そして、

「今晩、お野菜のセットとすぐできる出汁を使って、鍋で温まりませんか？ お野菜のセットは、ビタミンが豊富な○○と○○が入っていて、すでにカット済みです」
「在宅ワークが終わったら、テラスとリビングをつなげて大きな空間をつくり、お酒を飲みながら映画やプラネタリウムを楽しんでみては？ いまなら、VRで体感できますよ！」

……というようにオファー提示に至るところまで、「Why ？」から生まれた自社の姿勢を崩さずつなげていきましょう。この一連の流れこそが「コンテクスト」です。

別の言葉では「製品・サービスをお勧めする大義名分」とも言えるかもしれません。

コンテクストをつくるポイントは、**リサーチを通じて顧客の現在の関心事を深く知り、できるだけエビデンスベース（数値等）で顧客に示していくこと**です。単なる憶測や推察ではなく、きちんとしたリサーチを通じた提案は、顧客の関心事からズレていなければ支持されるでしょう。この後用意するキャッチコピーやビジュアルもこのコンテクストに合わせて考えていくことが大事です。

そして、製品・サービス訴求のコンテクストは自社の「Purpose（パーパス）＝なぜ、私たちはこの事業をやるのか？」とつなげることで、顧客への提案内容はより一層強固なものに変わります。付け焼き刃ではないコンテクストが生み出せる企業は、長期的な固定ファンをつくり、利益ベースのLTVの向上につなげているはずです。

4 -3 インセンティブ

インセンティブは、コンテンツに関心をもってくれた顧客を「コンバージョン」へと動かすための直接的な動機付けです。もちろんコンテンツを読んだり、体感していただくだけで顧客を動かすことが大事ですが、インセンティブを用意したほうがより動かしやすいというのも事実です。お値引きやポイント付与、キャッシュバック、特別なグッズがもらえる、○○にご優待、無料で資料をダウンロードできる……等のオファーを用意しましょう。さまざまなインセンティブプログラムについては、本稿では割愛いたしますが、プロモーション立案の教科書には、多岐にわたった販促キャンペーンのメソッドが書いてありますので、参考にされてみてはいかがでしょうか。

コミュニケーション・シナリオは、ホワイトボードやタブレット等に手描きでまとめたもので充分です。あらかたまとまったら、自分が営業パーソンになったつもりで、メンバーを顧客にしてそのシナリオを説明し、合意が得られるか確認してみましょう。メンバーから質問がでてくるようであれば、その質問に対処できるシナリオに書き直していきましょう。

5 ゴールに向けたKPIを考える

最後にコンテンツの成果を計測するために、施策の目標（KGI）とその目標を達成するための重要な指標（KPI）を設定します。施策ごとにKPIは異なりますので、詳細は5章をご覧ください。

なお、コンテンツ制作やデータの計測に慣れてくると、コンテンツを考えながら、訪れた人のアクションを計測することを想定した見せ方やクリックボタンの設置の仕方、イベント（サイト内での顧客の行動）タグを組み込むことを想定したサイトの仕様等も同時に設計できるようになります。

コンテンツブリーフにまとめる

ここまでの内容を一覧化し、関与者が理解しやすくしたものを、私たちは**「コンテンツブリーフ」**と呼んでいます。

誰に、何を、どのように、何を使って伝えて、どう態度変容をさせて、その態度変容をどんな数値で取得するのかを明らかにした資料です。

2章でも触れましたが、広告制作会社によってさまざまなフォーマットのある「クリエイティブブリーフ」との大きな違いは、クリエイティブブリーフが1回限りの制作物の指針書であるのに対し、コンテンツブリーフは常にアップデートされていくものだということです。

企画制作時にも手を加えますし、公開後のデータ取得時は数値を入力したり、目標との乖離を記載したりします。また、次の施策時にもコンテンツブリーフを見て「前回の結果はどうだったのか？」というところから議論をはじめます。コンテンツブリーフはいわば、自社のデータドリブンマーケティングのノウハウが書かれたものになっていくわけです。

しかし、マーケティング担当者が頻繁に異動したり、運用ルールが定式化されていない企業の場合は、コンテンツブリーフの寿命も短くなるのが現実です。データドリブンマーケティングをうまくやるためには、中長期的な視点が重要だと言われる所以のひとつでもあります。

データドリブンマーケティングを推進するためのコンテンツブリーフ

要素		概要	施策後評価 ※1	改善ポイント ※2	参考 ※3
顧客と商品の関係性		当社ならびに当社商品とどんな関係性にある人がコミュニケーションターゲット顧客になるか？　※ジャーニーマップを参考に記載する。			
目的	1) 伝えたいこと	コミュニケーションターゲット顧客に対して、伝えたいことは？			
	2) アクションさせたいこと	コミュニケーションターゲット顧客をどう動かしたいか？			
	3) アクションによって得たいデータ	コミュニケーションターゲット顧客のどんな情報を取得したいか？			●
商品がつくられた背景		製品・サービスの誕生秘話、どういう想いでこの商材をリリースしたか？			●
商品特長		製品・サービスのメリット（こういうところが差別化でき、結果としてこういう仕事を実現できる）			
ターゲット顧客	属性	製品・サービスの主な利用者は、どのような属性をもつ人か？			
	ニーズ	どのような課題を抱えているのか？			
利用シーン		製品・サービスをどんな時に使うのか？			
ターゲット顧客の便益		どんなベネフィットがあるのか？			
コミュニケーションターゲット顧客	属性	利用者となるターゲット顧客と異なる場合に記載			●
	ニーズ				
強調すべき訴求ポイント（差別化できるポイント）		上記の中でも、特に強調すべきところはどこか？			●
切り口	1) 関心を持たせる	関心を持たせるために、どんな切り口でつくるか？			
	2) スムーズに誘導する	目標までスムーズに誘導するために、どんな切り口でつくるか？			●
シナリオ	メディア・デバイス	どのメディアを使って認知・集客・理解・データ収集を行うか？			
	コンテクスト	どのようなコンテクストでアプローチするのか？			●
	インセンティブ	どのようなインセンティブを使って目標に到達させるか？			●
表現	コピー	上記内容を基にどんなキャッチコピーにすればよいか？			
	メインビジュアル	上記内容を基にどんなビジュアルにすればよいか？			
目標	KGI	今回のコンテンツ、施策で目指す数値目標は？			
	KPI	KGIを実現するための重要な管理指標とその想定数値は？			

※1：施策ごとの数値、何が良かったか、悪かったかをファクトをベースに記載する／※2：ではどうすれば良いか？の課題を記載する
※3：拙著『コンテンツ・デザインパターン』のコンテンツブリーフには記載されていない項目

このように、データドリブンマーケティングにおけるコンテンツの企画・制作は、「思いつき」で進めるものではありません。この後の工程では、コピーやメインビジュアルの方向性を考えたり、コンテンツをよりよく見せたり、使い勝手をよくしたりするために、コピーライターやデザイナー、コーダー、エンジニアが苦心するのですが、その背景には必ず、コンテンツの設計図としてのコンテンツブリーフがあります。

今回ご紹介するコンテンツブリーフは、拙著『コンテンツ・デザインパターン』で詳しくご紹介した内容を本書仕様に書き換えたバージョンです。拙著と異なるところは、※印にてマーキングしておりますが、本書の方がより細かいところまで記載するような内容となっています。

この後、マーケティングプランナーがコピーやメインビジュアルの方向性を詰めていく作業をしていくわけですが、「コンテンツの表現となるコピー、ビジュアル」等については、拙著で具体的な事例を絡めてかなり詳しく記載しておりますので、本書では割愛させていただきます。「顧客と商品の関係性」の考え方や「関心を持たせる切り口」の事例等と併せてぜひご参照ください。

コンテンツ構成案をつくる

コンテンツブリーフをまとめた後（実際には、まとめながら並行して）、手描きの「構成案」づくりに進みます。この構成案づくりの段階で、コンテンツのキャッチコピーや見出し、メインビジュアルの方向性も一緒に考えます。まだデザイナーは入りません。マーケティングプランナーが出せる能力を出し切って、きちんと方針を固めた後、それをかたちにしていくデザイナー等のメンバーにつないでいきます。私たちが考える構成案には、先に紹介したコンテンツブリーフの中身がすべて入っています。一見、手描きで汚いように見えても、論理的に考えられたアウトプットです。別途パソコンで打った見出しコピーと、ビジュアルイメージとなるアンダーレイ（下敷きの意味）と呼ばれるサンプルを用意します。

デザイナーに最初に渡す基本的な素材

構成案

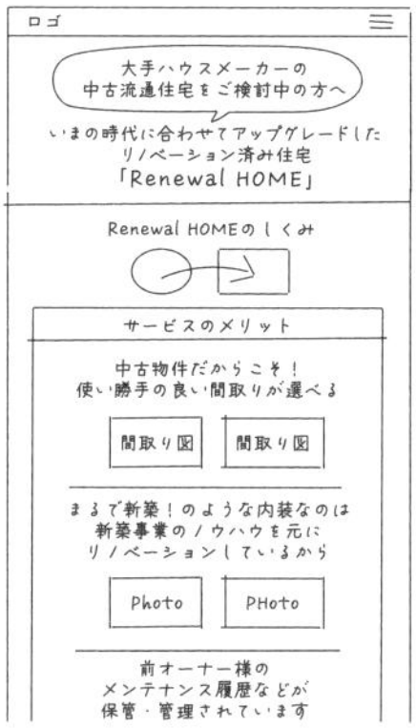

＋

コピー原稿

＋

アンダーレイ

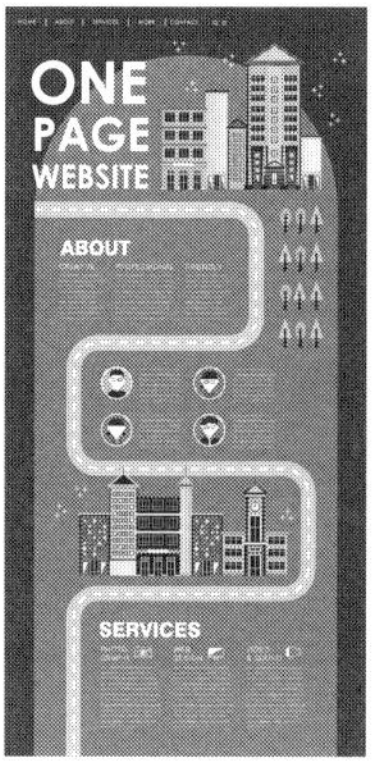

構成案	Webページ、アプリ、紙ツールを問わず、コンテンツの切り口やシナリオを1つにまとめたもの。
コピー原稿	最初からなくても良いが、切り口やシナリオがわかるように見出しまわりのコピーは、多少粗くても良いので、用意すること。
アンダーレイ	「こんな方向性で仕上げたい」という最終的なイメージサンプル。すでに世の中にあるデザインされたもの。「なんとなくこんな感じ」ではなく、「どこを真似したいか」を明確にデザイナーに伝える。

構成案と間違いやすいものとして、「ワイヤーフレーム」や「ストラクチャ」と呼ばれる線の囲みだけでページのエリア設計をした資料があります。UX／UIデザイナーと呼ばれる人がよくアウトプットでつくるものです。これは、利用すると決めたメディアとデバイスにおいて、顧客を迷わせることなく遷移させるためのUIの設計書です。ですから、実際にはワイヤーフレームには伝えたいことは入っていません。しかし、慣れてくると構成案とワイヤーフレームを同時につくってしまえるようになるので、構成案をワイヤーフレームと言ったり、ワイヤーフレームを構成案と言ったりして、現場では名称が混在していますが、本来の役割をきちんと理解してつくらないと、キャリアの浅いプランナーが構成案とワイヤーフレームを同時に作成して失敗するということもあります。

ワイヤーフレームの例

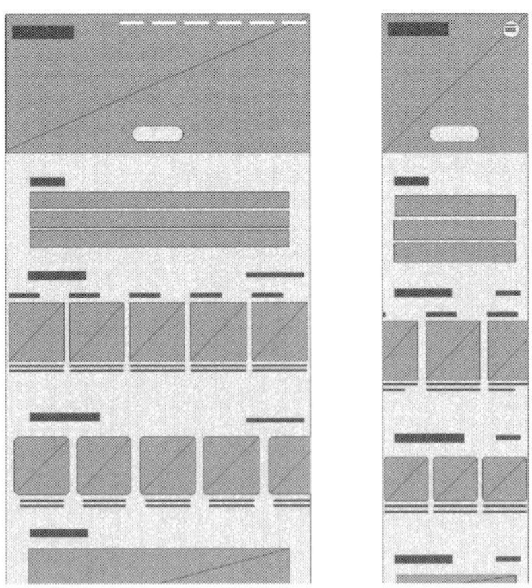

ワイヤーフレームとは、通常、構成案（コンテンツの切り口やシナリオなど）が入っていないWebサイトのデザインテンプレートを指します。見やすさ、使いやすさ、探しやすさ等を重視している反面、そのコンテンツをもって、顧客の態度変容を促すための構成案の要素は含まれていません。私たちは、先にご紹介した構成案とワイヤーフレームを合わせたもの（＝コンテンツ入りのワイヤーフレーム）を「プランナーズカンプ」と呼んでいます。

いろいろな方々とご一緒して難しいなと感じるのは、これらの名称が業界内でも一定でないことです。ましてや、デザイナーとエンジニアでは「デザイン」の定義がかなり違うこともあります。私たちのデザインへのアウトプットは、構成案→ワイヤーフレームへの落とし込み→デザイナーによるデザインラフ→デザインカンプという流れをたどるのですが、エンジニアは構成案のワイヤーフレームへの落とし込みの段階のものを「デザイン」として見てしまう人も多いようです。

そのため、仕事をやり慣れていないメンバーと組んだ場合は、一人ひとりに、何をどう呼んでいるのか？ を聞き、メンバー同士で目線を合わせておく必要があります。できれば、それぞれにかかる標準的な工数や手順も共有しておくと、その後のコミュニケーションが円滑になり、無駄な作業や手戻りが減ります。

COLUMN

カスタマージャーニーマップを上手に活用する方法

カスタマージャーニーマップは、基本的に自社ビジネスにおける顧客購買行動の As-Is（現状）を示したもので、簡単に言うと既存の CX（Customer Experience）フローです。「ジャーニーマップを作ったはいいけど……」と次の打ち手に困っている場合、既存の CX フローを改善するという視点でカスタマージャーニーマップの下に新しい施策を書き加えていきましょう。

たとえば、顧客の期待値を超える価値を考え、その価値を伝えるためのコンテンツやメディア、UI とは何かを購買ステージごとに記載し、そういった施策から得られるデータをどのように取得して活用していくのか？ 誰がどのように運用するのか？ というところまで落とし込んだ全体図（像）が描けると、カスタマージャーニーマップも戦略資料として充分活用できるようになります。

カスタマージャーニーマップ（既存CXのフロー）

		購買ステージ	潜在期（検索前期）	検索期（検索後期）	購入検討期	支払期	ユーザー期	ポジティブユーザー期	ネガティブユーザー期
		顧客分類	潜在客		見込客	購入客（初回・複数回）	継続購入客 プレミアム支払客 再購入客	インフルエンサー アンバサダー アドボケーター	利用疑問客 離反客 反逆客
分析	既存CX	コミュニケーションターゲット顧客の目的							
		目的達成のために欲しい（期待している）情報や体験							
		具体的な行動							
制作・開発	CX開発	顧客行動分析から鑑みた自社で行うべき価値提供（期待値を超える情報や価値）							
	コンテンツ開発	価値を理解・体験していただくコンテンツ							
	メディア開発	コンテンツを効果的に顧客に伝えるメディア							
	UI開発	コンテンツに接触するデバイスとユーザーインターフェース							
運用	環境開発	顧客の属性・行動データの取得、管理。分析方法							
	実施	運用体制・ルール							

具体的な改善施策・運用方法を加えて、1枚の全体図をつくる

CHAP. 5

KPIを設計する

KGI・CSF・KPIの関係性を理解する

ここで対顧客においてマーケティングプランナーがやるべきことを、簡単に一度おさらいをしておきましょう。

1 見込客 or 既存客は、何を伝えたら態度変容するか？ という仮説を立てる
2 態度変容させるためのきっかけ（施策・コンテンツ＝ CSF）をつくる
3 どう態度変容させるかという数値的指標（＝ KPI）を設定する
4 メディアを通じてコンテンツを発信し、見込客 or 既存客を態度変容させる
5 見込客 or 既存客の行動データを取得し、属性データ等と併せて分析する
6 データ分析結果に基づき、新たな仮説を立て、コンテンツを生み出す

上記の繰り返しにより、分析されたデータがノウハウとなって蓄積され、次の仮説がより確からしいものになっていきます。顧客の行動データを取得するためにはまず、顧客を動かせそうな（態度変容をさせられそうな）コンテンツを用意し、メディアを通じて顧客に提示する必要があります。

では、実際に顧客を態度変容させられたのかどうか、何を基準に判断すればいいのでしょう。そこで指標となるのが、本章のテーマであるKPIです。念のため、KGI・CSF・KPIを確認しておきましょう。

・KGI（ゴールとなる指標／Key Goal Indicator）

例：○○までに、事業部Aの売上を30％アップ

・CSF（ゴール達成のための重要施策／Critical Success Factor）

※KSF（Key Success Factor）やKFS（key Factor for Success）と同義

例：○○までに、事業部Aの売上を30%アップさせるため、新たなコンテンツを用意して、製品aのwebプロモーション活動を行う。

・**KPI（CSFの指標＝ゴール達成のための管理指標／Key Performance Indicator）**

例：製品aのプロモーションやコンテンツの成否を、出稿した広告からのアクセス数、スクロール率、イベントクリック数、コンバージョン寄与で評価する

ここでもうひとつ、理解しておきたいのは、これらが入れ子構造になっていることです。

すなわち、企業としてのKGI、事業部ごとのKGI、さらにその下位階層の部署にもKGIがあり、それぞれにまたKPIがある。企業全体でみると、事業部や部署ごとのKGIは、企業のKGIにとってのKPIでもある。これが意味するのは「マーケティング施策に関わる相手によって、KGIやKPIが異なる」ということです。

8章で後述しますが、データドリブンマーケティングには、役員や現場担当者、各専門チーム等、複数のインナーコミュニケーションの相手がいるため、マーケティングプランナーはそれぞれに対し異なるバウンダリーオブジェクトを用意しなければなりません。KPIの設定においても同様です。インナーコミュニケーションの相手に合わせて「私たちはいまどのKGI-KPIを議論しているのか」「そこにおける重要な施策であるCSFはKPIとどう結びつくのか」等を明確にするのがマーケティングプランナーの役割です。

企業規模が大きくなればなるほど、KGI-KPIを広く捉えることが難しくなるのはご想像の通りです。

KGIは入れ子になっている

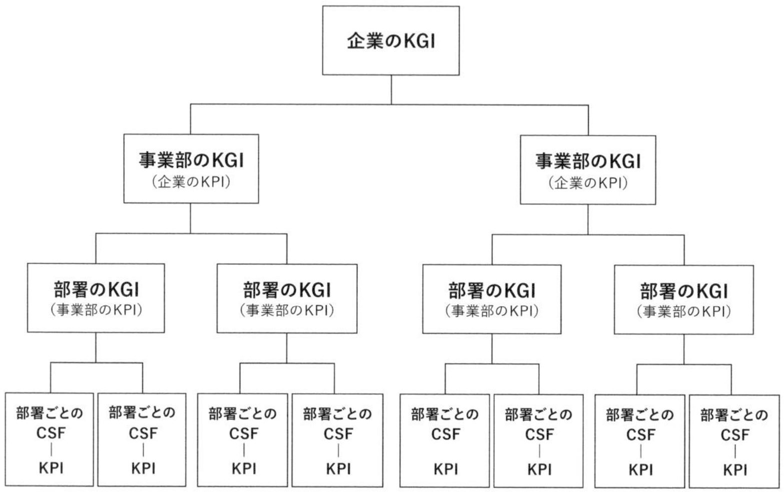

CSFは、データドリブンマーケティングの重要施策（本書で言うコンテンツの部分）にあたります。各CSFにも数値で示されるCSF自体のゴール（たとえば問い合わせ数〇件）があり、そのゴールを達成するための小施策（たとえばLPとフォームを一体化させる）があります。現実には事業、プロジェクト、各施策等のゴールをメンバー間でしっかり整理・共有しないまま企画が走り出してしまうことも散見されるのですが、それでは、CSFの良し悪しを判断するのが難しいはずです。

CSFの目的は顧客の態度変容であり、態度変容が期待通りのものになっているか（CSF自体のゴール達成につながるものになっているか）を数値で把握することが肝です。そのために把握されるべき数値がKPI。データドリブンマーケティングにおいては、重要な施策についてKPIを定め、その数値を測定しながら、コンテンツの改善を繰り返していくことになります。

重要施策（CSF）が先か、管理指標（KPI）が先か？

では具体的に、KGI・CSF・KPIはどのような順序で考えるべきなのでしょう。一般的に、最初に設定されることが多いのは、最終的なゴール＝KGIです。

次に、KGIを達成するために「顧客の態度変容を促すうえで重要な施策＝CSF」が決まります。

そして最後に「CSFがうまくいっているかどうかを管理する数値の指標＝KPI」が決まる。つまり、KGI → CSF → KPIの順序が理想的です。

もっともPDCA運用の場合、集客数やコンバージョン率等、Google AnalyticsやBIツールで定点的に見るKPIがある程度定まっていることから、あるKPIを達成するためのCSFを考えるというケースもあります（次ページ図参照）。したがって、現実的には「KGI・CSF・KPIが決まる順番はケースバイケース」です。しかし、現行のKPIありきで施策を考えてしまうと、コンテンツづくりのアイデアがふくらまず、現行施策の改善、マイナーチェンジにしかならないため注意が必要です。たとえ改善活動中心のPDCA運用でも、ときにはKGIを達成するためのCSFをゼロベースで考えてみるほうが新しい施策は生まれやすいはずです。

CSFが先か・KPIが先か

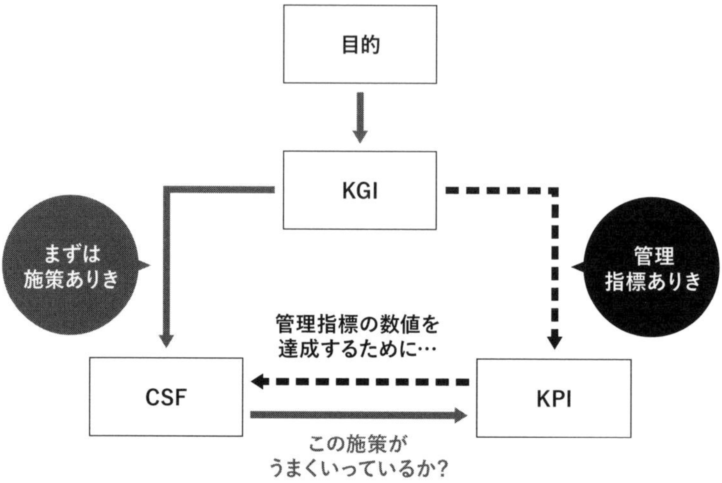

通常はCSFから考えてKPIを決めますが、期間を定めてABテストを実施したり、広告からLP（Landing Page）で毎回決まったコンバージョンを獲得したりする場合は、ほぼCSFの型は固定していますので、KPIありきでCSFの中身を変更するということもあります。広告等の改善型PDCA運用案件はこのタイプが多くなります。

KPIの決め方

最初に設定されるKGIは、事業部等が設定している最終的な売上や利益といったゴールを、部署単位にブレークダウンして定量的に示した指標です。たとえば、

・アプリ内のアイテム売上等の直接的な数値
・ブランドを好きになってもらうためのリピート率
・SNSにおけるフォロワー等のファン数
・営業パーソンへの問い合わせのリード獲得数
・プロモーションコスト削減額

……等さまざまなものがあります。

こうしたKGIを実現するためのCSFとその評価指標となるKPIは、一様ではありません。したがってKPIは、最初からこれと決めつけるのではなく、

「重要な施策において、何がKGIに直接的・間接的に寄与するか」

「実際にデータを計測できるか、もしくは近しい数値が取得できるか」

等を洗い出しながら、安易に「よくあるKPI」に飛びつかず、個別に検討する必要があるでしょう。とはいえ、現実のビジネスにおいて、施策を打つたびにKPIを一から考えるようでは、マーケティングプランナーも大変です。

そこで本章後半で「こんなKGIに対してはどんなKPIが考えられるか」といった案出しや、「現行のKPIは本当にKGIの実現につながっているか」等のチェックに使える「KPIフレームワーク」をご紹介します。KPIの検討時、手元に置いていただき「忘れがちなところのヌケモレ」にご活用く

ださい。

ただしKPIフレームワークは、現在利用されているテクノロジーやメディアとも密接に関わり合っているため、今後それらの動向にあわせて、バージョンアップをかけていく必要があります。

また、コンテンツの目的が本質的には「態度変容」に集約されるのだとしても、態度変容もひとつではないという見方もできます。たとえば、B2B商材のような検討期間の長い高額商材のマーケティングにおいては「コンバージョン」という言葉ひとつとっても、

・ライトコンバージョン
（例：メルマガ登録でメアドと氏名、法人名だけ取得）
・ミドルコンバージョン
（例：資料請求で役職や検討深度・ニーズを取得）
・ゴールコンバージョン
（例：無料トライアルで住所、電話番号を取得）

という3つのステップがあると考えたほうが良さそうです。

このように、「態度変容の内容も複数あるのでは？」「コンバージョンごとにコンテンツも存在するのでは？」という考え方は重要です。最初のアクセスでいきなり顧客との間合いを詰めようとせず、コンテンツに複数回触れてもらい、少しずつコンバージョンに近づけていくようなCSF-KPI設計も見逃してはならないでしょう。「リード獲得時のナーチャリング」や「購入後のカスタマーリレーションシップ」といった、顧客と長く付き合う＝LTVの最大化をはかるという視点から考えるKPI設計には、必要な考え方です。

B2B商材の顧客情報取得例

	Light CV	Middle CV		Goal CV
	メールマガジン	ホワイトペーパー	オンラインセミナー申し込み	無料トライアル申し込み
職場メールアドレス	●	●	●	●
氏名	●	●	●	●
法人名	●	●	●	●
役職		●	●	●
ご検討深度		●	●	●
各種ニーズ		●	●	●
法人ご住所				●
電話番号				●
参加日時			●	
お問い合わせ内容			●	

KPIのフレームワーク例

KPIを施策のたびにゼロから検討するのは、大変な作業です。そこでここからは、身近なデジタルツールを例に作成した「KPI」フレームワークを紹介したいと思います。これは「管理指標ありき」でゴールを目指す方法となりますので、具体的な施策については記載しておりません。「このKPIを達成するには、どんなCSFが必要か？」ということをゼロベースで考えるきっかけとしても活用いただけるはずです。

今回用意したのは、次の4つのフレームワークです。

❶課金型アプリのKPI
❷製品ブランドSNSのKPI
❸ B2B企業コーポレートサイトのKPI
❹高額商材B2C製品サイトのKPI

それぞれ詳細にKPIが書き込まれていますが、すべてのKPIが必要なわけではありません。データはできるだけ多く取得するとしても、いざ分析するときは、CSFに応じて都度必要なところを見ておくことが重要です。

❶課金型アプリのKPIのケース

ゲームアプリやダイエットアプリのように、ユーザーがお金を出す「課金型アプリ」において、KGIを年間目標売上額としてみたフレームワークです。ここでは「できるだけ長くお金を使っていただける人をどれだけ増やせるか」が、KGIに有効だと考え、「母数」「課金額」「維持」の3つをKPIとして設定しています。

課金型アプリのKPI参考例

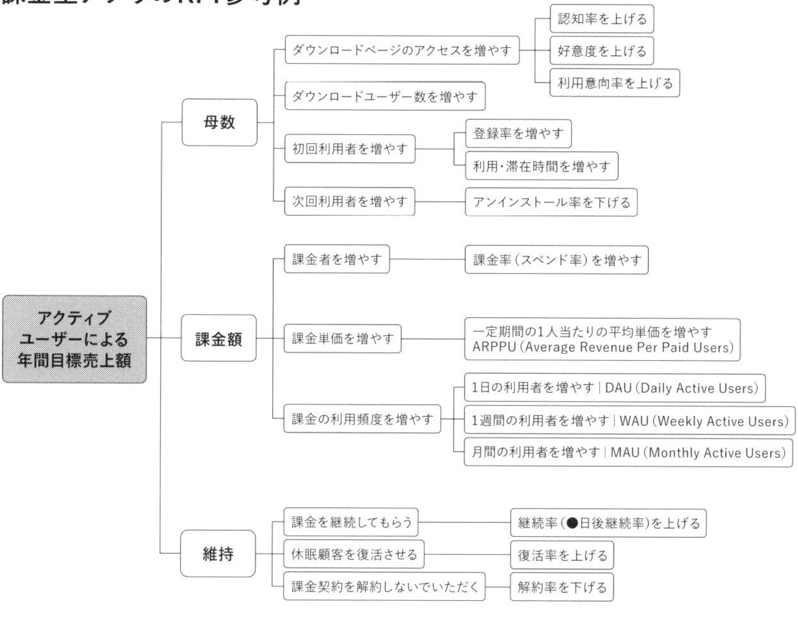

まず、アプリをダウンロードしていただけないと話になりませんので、ダウンロードページへのアクセスを増やす必要があります。そのためには、広告や口コミ等を活用してアプリの認知率や「使ってみたいな」という好意度や利用意向率を上げなければなりません。

そして、実際にダウンロードユーザー数を増やし、少しでも使ってもらえるように、登録率や利用・滞在時間を増やす工夫が必要になります。さらに継続して使ってみたいと思わせる体験をしていただき、アンインストール率を下げ、最初の KPI となる母数確保を達成していきます。

次は確保したユーザーにお金を払ってでも使いたいと思っていただけるような施策を実行し、「アクティブユーザー数×課金率×課金単価×利用頻度」によって「課金額」として設定した KPI をクリアしていく必要があります。

課金してくれる新規のユーザーを増やす一方、飽きさせない工夫、機能のアップデート、充実したサポート体制、使っていることの優越感の演出（製品・サービスのブランディング活動）等を通じて、既存ユーザーの「維持」もしていかなければなりません。ユーザー全体の継続率を上げ、課金契約の解除やアンインストール行為を防止し、課金をやめてしまった休眠顧客を復活させる等、さまざまな工夫で顧客を維持し続けることも重要なKPIになるでしょう。

❷製品ブランドのSNSのケース

SNSにおいては、実際に購入してくれるユーザーへのリーチを増やすことや購入のきっかけを生み出す機会を中長期的に作っていくことがポイントになります。「バズる」ことも重要ですが、1投稿だけ急激に閲覧回数が増えても、あまり意味がありません。肝心なのは、時間をかけてファンをつくっていき、多くの利用顧客から「□□（製品・サービスのカテゴリー）と言えば、私は○○（＝自社ブランド）が好き」といったポジティブなマインドシェアを得ることです。

たとえば、Instagramにおいて「自社サイトにアクセスしてもらうこと」をKGIとすると、

(1) 自社の投稿を何らかのかたちで知っていただくきっかけをつくる
(2) いい情報が得られそうだから、投稿を保存したり、フォローしたりしておこうという人を増やす
(3) フォロワーから「いいね」「コメント」等をもらえる情報を提供し続ける
(4) フォロワーと積極的にコミュニケーションをする
(5) フォロワーに投稿内容を保存してもらう
(6) フォロワーの投稿評価やコミュニケーション頻度によって、自社投稿が

Instagram からほかの人に推奨されるようになる

(7) 認知が増え、またフォロワーが増える

という正のスパイラルをしっかり回しながら、自社のWebサイトにアクセスいただく導線を都度設けていくことでKGIの達成を狙います（下図）。製品・サービスによってKGIやKPIも異なりますし、Instagramのアルゴリズムや仕様も都度変化しますので、万能な指標はありませんが、いかに利用顧客からポジティブなマインドシェアを得るか？ という視点はどの業界でも変わらないように思います。

利用顧客からポジティブなマインドシェアを得るための Instagramの KPI参考例

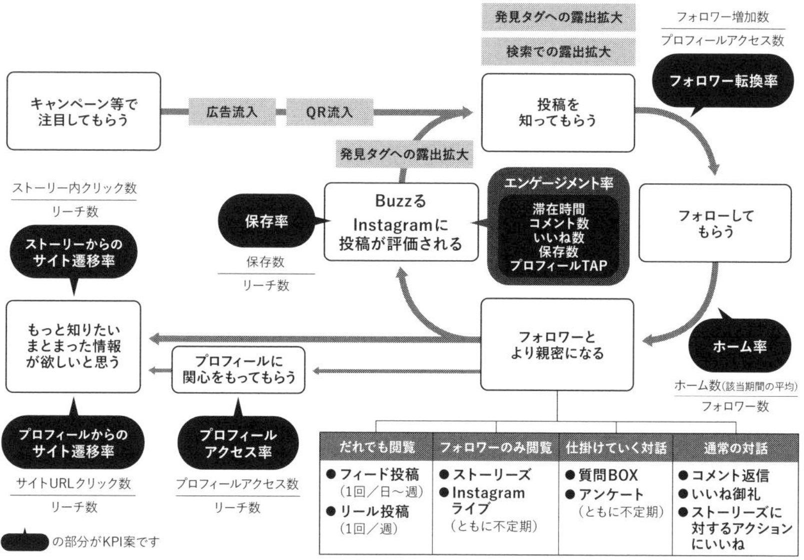

だれでも閲覧	フォロワーのみ閲覧	仕掛けていく対話	通常の対話
●フィード投稿（1回／日〜週） ●リール投稿（1回／週）	●ストーリーズ ●Instagramライブ（ともに不定期）	●質問BOX ●アンケート（ともに不定期）	●コメント返信 ●いいね御礼 ●ストーリーズに対するアクションにいいね

そういったSNSの真の狙いを念頭に置き、代表的なSNSであるInstagram、LINE、YouTubeにおいて、「当該ブランドの購入意向を持つ人を増やす」ことをKGIとした場合のKPIのフレームワークをまとめてみました。

Instagramの運用でよく使われるKPI

・投稿リーチ数（投稿が見られた数）
・アカウントリーチ数やHOME率（アカウントのHOMEが見られた数や率）
・いいね数や保存数
・フォロワー数
・エンゲージメント率（保存数やいいね数、滞在時間等複数の指標から導かれる「投稿に対してどのぐらいのユーザーが好反応を示したか」を示す指標）

LINEの運用でよく使われるKPI

・ターゲットリーチ数（友だちアカウントで配信可能なユーザーの数※ブロックを除く）
・インプレッション数（トーク吹き出しの100%が表示された数）
・LINE VOOM投稿インプレッション数（LINE VOOM投稿の表示回数）

YouTubeの運用でよく使われるKPI

・チャンネル登録者数
・動画の再生回数
・視聴者維持率（視聴者がどの程度長く動画を見続けたかの割合）

企業公式SNSのKPI参考例

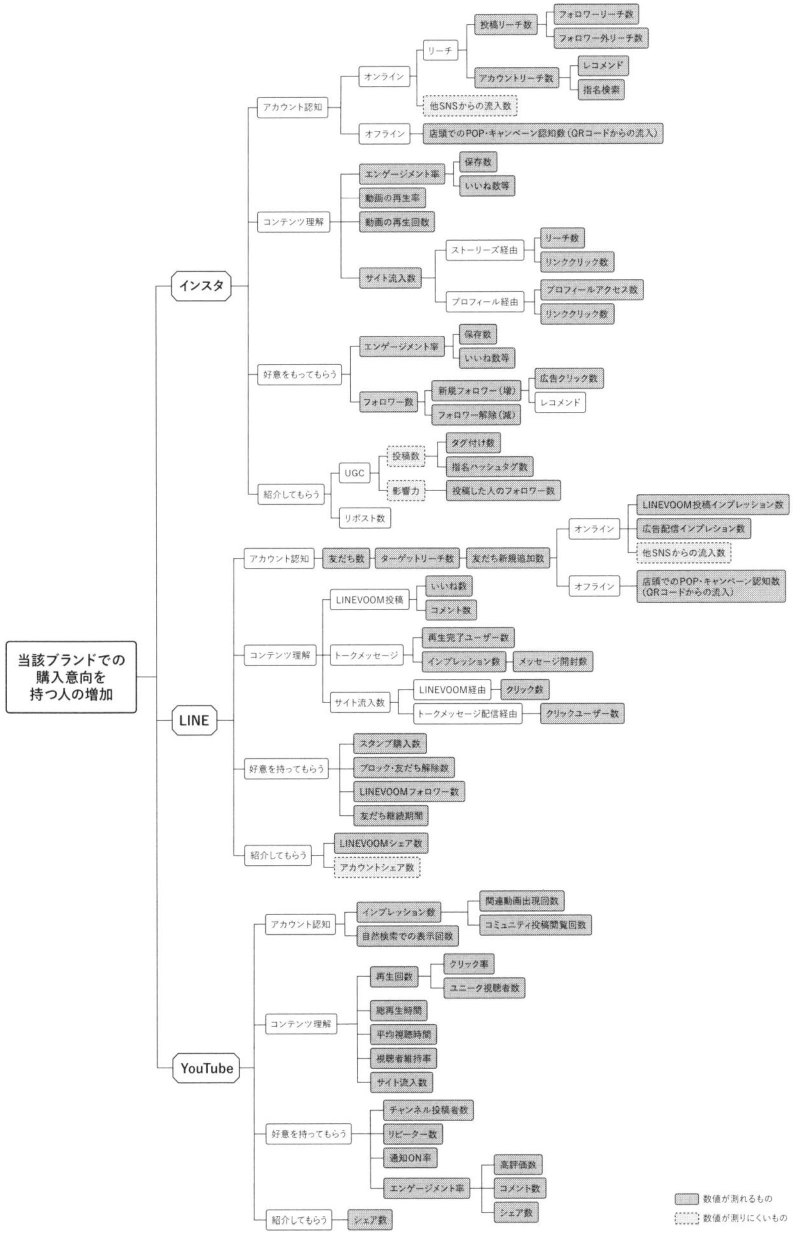

3 B2B企業のコーポレートサイトのケース

B2B企業のコーポレートサイトの目的は、「企業に対する好感度の向上」になることが多いようです。KPIは、定性データでしか取得できないようにも思える「好感度」をどう数値化するかが課題になるわけですが、ここでは、「リピート総数の増加」に着目しました。何度もサイトを訪問してもらい、企業をよく理解してもらうことで、好感度は向上する、と解釈できるからです。リピート総数を増やすためには、ステップ順に「アクセスを増やす」「理解していただく」「登録していただく」「繰り返しアクセスしていただく」という4つのKPIを見ておきたいところです。

（1）アクセス数を増やす

リピーターを増やすために、まず初回訪問者数の増加をKPIとしますが、訪問者の流入経路としては、社名、ブランド等の指名検索からHOMEへ流入する場合と一般キーワードの検索等から下層ページへ直接流入する場合の2通りがあります。流入カテゴリー別に流入数を増加させるための指標を設けましょう。自然検索流入を増やすには自社製品・サービスの羅列等ではなく、利用顧客がいま欲しい情報で他社ではなかなか手に入らないオリジナルなコンテンツが必要になってきます。

（2）理解していただく

KPIはGoogle Analytics（GA4）で計測できる「エンゲージメント率の向上（1セッションにおいて2回以上のPV、10秒以上の滞在時間）」としてみました。こちらもHOMEに流入した場合と最初に下層ページへ流入した場合の2通りが考えられそうです。興味を引くだけでなく、わかりやすくて参考になるコンテンツが必要です。

（3）登録していただく

KPIは、LCV（ライトコンバージョン）：全ての個人情報を入力しない登録とMCV（ミドルコンバージョン）：法人住所等の個人情報を入力する登録としてみました。BtoBでは、ネットでは簡単に見つからないノウハウが掲載されているホワイトペーパーや事例集等を用意して、コンバージョンを獲得する方法がよくとられています。

（4）繰り返しアクセスしていただく

KPIは「LCVやMCVを達成した人からのリピート訪問数の増加」です。LCVやMCVで得た情報を活用し、自社からの情報発信をメールやSNS等を通じて再訪してもらえるようアプローチを行う必要があります。

B2B企業のコーポレートサイトのKPI参考例

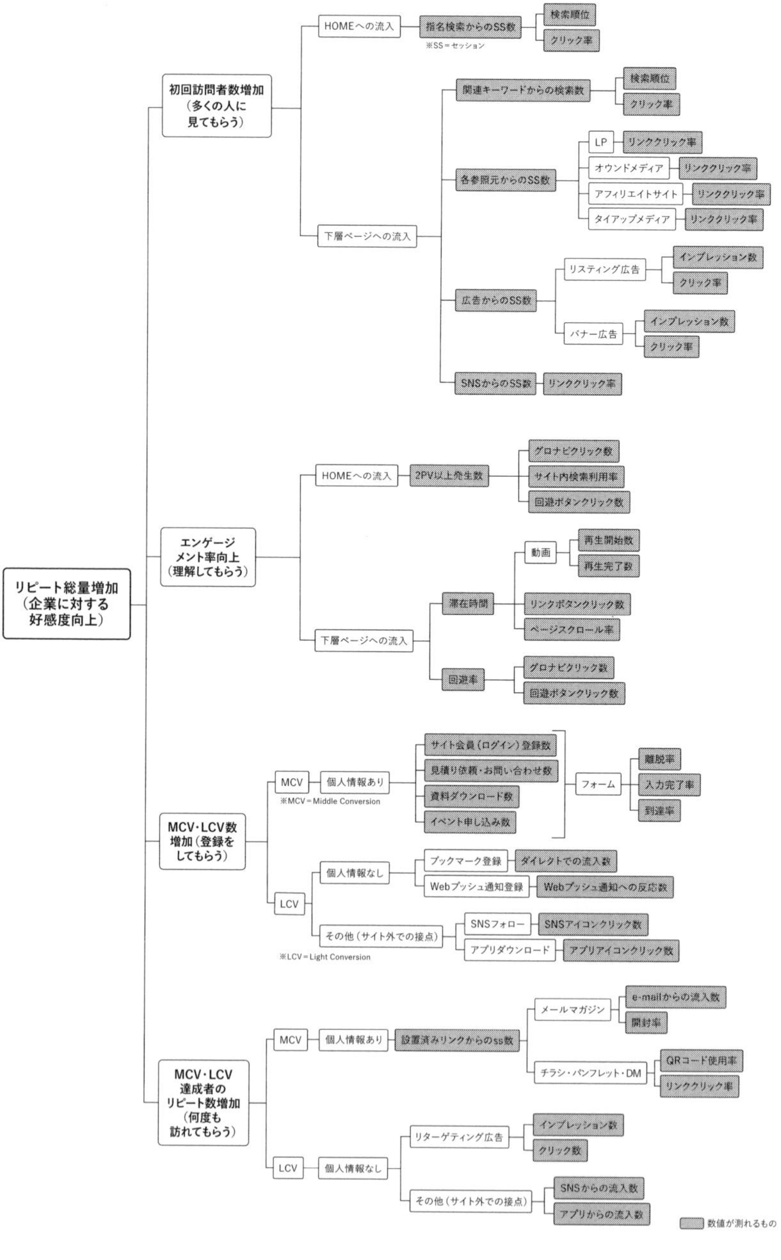
リピート総量増加（企業に対する好感度向上）
初回訪問者数増加（多くの人に見てもらう）
HOMEへの流入
指名検索からのSS数
検索順位
クリック率
※SS＝セッション
下層ページへの流入
関連キーワードからの検索数
検索順位
クリック率
各参照元からのSS数
LP
リンククリック率
オウンドメディア
リンククリック率
アフィリエイトサイト
リンククリック率
タイアップメディア
リンククリック率
広告からのSS数
リスティング広告
インプレッション数
クリック率
バナー広告
インプレッション数
クリック率
SNSからのSS数
リンククリック率
エンゲージメント率向上（理解してもらう）
HOMEへの流入
2PV以上発生数
グロナビクリック数
サイト内検索利用率
回遊ボタンクリック数
下層ページへの流入
滞在時間
動画
再生開始数
再生完了数
リンクボタンクリック数
ページスクロール率
回遊率
グロナビクリック数
回遊ボタンクリック数
MCV・LCV数増加（登録をしてもらう）
MCV
個人情報あり
※MCV＝Middle Conversion
サイト会員（ログイン）登録数
見積り依頼・お問い合わせ数
資料ダウンロード数
イベント申し込み数
フォーム
離脱率
入力完了率
到達率
LCV
個人情報なし
ブックマーク登録
ダイレクトでの流入数
Webプッシュ通知登録
Webプッシュ通知への反応数
その他（サイト外での接点）
SNSフォロー
SNSアイコンクリック数
アプリダウンロード
アプリアイコンクリック数
※LCV＝Light Conversion
MCV・LCV達成者のリピート数増加（何度も訪れてもらう）
MCV
個人情報あり
設置済みリンクからのss数
メールマガジン
e-mailからの流入数
開封率
チラシ・パンフレット・DM
QRコード使用率
リンククリック率
LCV
個人情報なし
リターゲティング広告
インプレッション数
クリック数
その他（サイト外での接点）
SNSからの流入数
アプリからの流入数
数値が測れるもの

❹高額商材 B2C 企業の商品サイトのケース

「資料請求数の増加」をKGIとしたKPIフレームワークです。B2Cの高額商材（不動産、自動車等）は検討期間が長く、瞬時に購入が決まることはありません。そのため、まず自社の製品・サービスに関心を持ち、意識や行動を変えてもらうという態度変容を促す必要があります。このプロセスを、

(1) コンテンツへの流入を増やす
(2) 製品・サービスへの理解度を向上させる
(3) フォームへの遷移率を増やす
(4) 入力完了数を増やす

……という4つのステップに落とし込み、それぞれにKPIを設定してみます。

(1) コンテンツへの流入を増やす

サービスサイトへのリスティングやディスプレイ等の広告はもちろんですが、オウンドメディアでは、比較的購入確度の低い顧客が求めるコンテンツも用意し、自然検索やSNSからの流入数を増やしていく必要があります。狙ったキーワードのボリュームや検索順位、インプレッション数、CTR、流入クエリとの乖離等も指標になるでしょう。

(2) 製品・サービスへの理解度を向上させる

製品・サービスにより関心を持っていただけているか？ を計測するには、スクロール率や動画再生数、チャットボットの利用数等、コンテンツに関心を持った顧客が起こすと想定される行動を主な指標として計測します。

(3) 資料請求フォームへの遷移率を上げる

商品に関心を持ったユーザーを資料請求フォームへ誘導し、顧客情報を獲得するため、遷移ボタンやバナー、ポップアップ等を効果的に活用し、そのボタンやバナーのタップ率等を主な計測指標とします。

(4) 資料請求フォームでの入力完了数を増やす

資料請求フォームへ訪問したユーザーの入力完了数を増やすために、入力フォームの最適化（EFO）を実施し、入力時間の削減やエラーページの表示回数を減少させる必要があります。

B2C企業のサービスサイトのKPI参考例

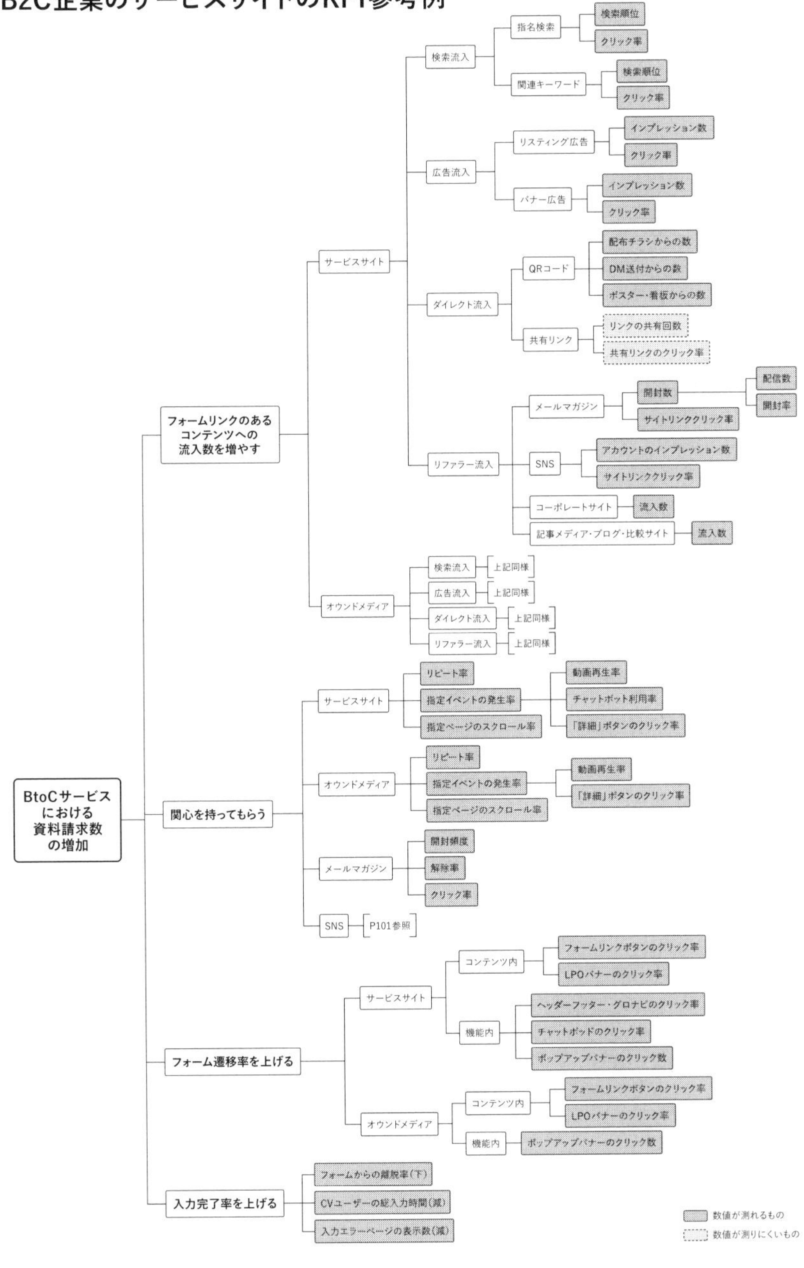

繰り返しになりますが、これらはあくまでもフレームワークですので、商材やその時々の課題に応じて都度KGIは変わります。またそれに合わせてCSFも異なりますので選ぶべきKPIも変わります。マーケティングプランナーは、アプリやSNS、B2BやB2CのWebサイト、ECサイト、専門メディア、社内イントラネット‥等、さまざまなKGI-CSF-KPIの組み合わせを考える経験を重ねることで、自分なりのフレームワークが持てるようになるでしょう。

COLUMN

SEOにも関係する顧客の態度変容

CSFごとにKPIを仔細に検討することを勧めるのは、さまざまな技術が変化するからでもあります。たとえば、Webサイトやアプリのデータ計測を通じてユーザーの行動や特性を分析する、いわゆるアクセス解析ツールの代表格である「Google Analytics」。その最新バージョンである「GA4」では、これまで以上に訪問者の行動データを細かく設定・取得できるだけでなく、ツールの利用者ごとにKPIをBIツール「Looker Studio」で閲覧できるようになりました。このBIツールは、Google Search ConsoleやGoogleスプレッドシートに展開されたデータも合わせて集計でき、いままで見えにくかった顧客を見える化できる可能性を秘めています。そして、そのような貴社の顧客の行動データはGoogle検索にもおそらく反映されてくるものと想定されます。つまり、これまでのような「SEOの作法」も大事ではありながらも、顧客の態度変容に寄与しなさそうなコンテンツは、検索結果でも高く評価されなくなる可能性が高いのです。

CHAP.
6
データの扱い方

得られたデータを４つに分類し、３つの問いで考える

本章が扱う内容は、メディアを通じてコンテンツを発信した後、見込客・既存客を態度変容させ、その行動データを属性データ等と併せて分析し、新たなコンテンツにどう生かしていくのかを考えるプロセスです。

データ分析の具体的な方法論については、さまざまな「データ取得、連携、分析、可視化等のツール」の使い方を含めて、詳しい解説サイトや書籍が多数存在しており、またその内容も日々アップデートされているため、本書では特に言及しません。本章でお伝えしたいことは、データ分析の前提となる「そもそも」の部分、いわば「データとの向き合い方」になります。ここで取り扱いたい「データ」は、大きく４つあります。

データ1 コンテンツを見る前は、どんな状態だったかを示すデータ

（例：以前にもアクセスがあったか？／アクセス元はどこか？ どんな検索ワードでアクセスしたか？ 等）

データ2 コンテンツをどのように見たかを示すデータ

（例：ページをどこまでスクロールしたか？ どのくらいの時間見たか？どこを詳しく見たいと思ってボタンを押したか？ 等）

データ3 コンテンツを見て、顧客が態度変容した／しなかったことを示すデータ

（例：資料請求や問い合わせ、購入等のアクションボタンをクリックした／しなかった等）

データ4 態度変容した後／しなかった後の状態を示すデータ

（例：買った／買わなかった、離脱した／回遊した、友だち登録した／しなかった、口コミした／しなかった等）

4つのデータ

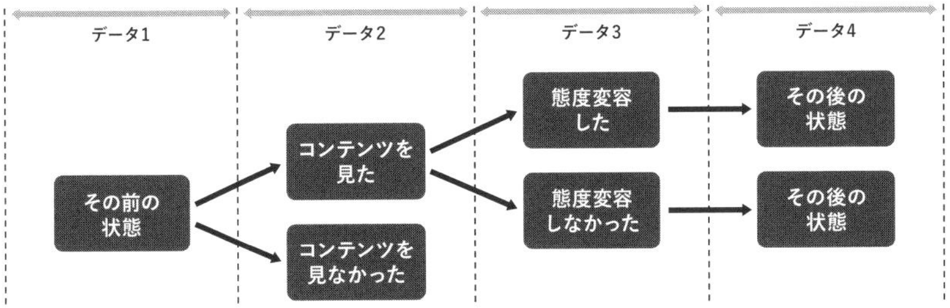

しかし事実関係を明らかにするだけでは、データ分析とはいえません。続けて、得られたデータを拠り所にして、改めて次のように問いかける必要があります。

Q1：そもそもなぜコンテンツを見てもらえたのか？
Q2：なぜ態度変容したのか？／しなかったのか？
　　コンテンツを見てから態度変容までの間に何が起こったのか？
Q3：態度変容した後／しなかった後は、なぜそうなったのか？

こうした「問い」の解が、データからコンテンツを改善していく際の手がかりとなります。

4つのデータと3つの問い

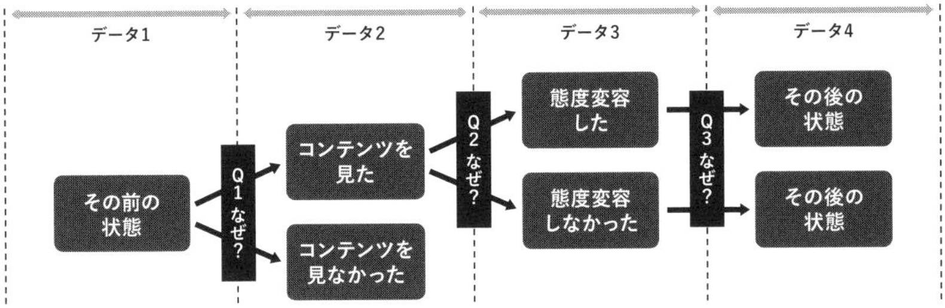

「問い」によって因果関係をあぶりだす

データ分析に不慣れな方は、そもそも「データをしっかり読む」とは何を指すのか、具体的にイメージできないことが多いようです。その場合は、いま自分が分析しようとしているデータを先述した4つに分類してみることをお勧めします。私見を挟まずに「こういう属性の人が」→「こうなった」という結果だけを可視化することが「データをしっかり読む」ためのファーストステップです（念のためですが、ここで書いている「こういう属性の人」とは、デモグラフィック属性だけでなく、自然検索からアクセスした人とか、コンバージョンした人、このページを見た人……等の行動パターンからみた属性情報も含まれています）。そして、「こういう属性の人が」→「こうなった」がまとまったら、先ほどの3つの「なぜ」という問いかけを行い、下記のような仮説を立てていきましょう。

Q1：そもそもなぜコンテンツを見てもらえたのか？に対する仮説例

・記事広告で期待が高まり、その期待内容がWebページのファーストビューと合致したからでは？
・○○というクエリにおける検索結果のタイトルとスニペットが、ニーズに合致したのでは？
・すでに当社の製品カタログは請求済みなので、導入事例に関心があったからなのでは？

**Q2：なぜ態度変容したのか？／しなかったのか？
コンテンツを見てから態度変容までの間に何が起こったのか？に対する仮説例**

・バナーの「いまだけ無料！」というコピーに反応したのでは？

・コンテンツの内容が一般検索ワードで流入してきた人にとって、わかりやすかったのでは？
・専門家がサポートしてくれるという動画が具体的で安心できたのでは？

Q3：態度変容した後／しなかった後は、なぜそうなったのか？に対する仮説例

・ちょうど欲しい情報とダウンロードできる資料の内容が合致したからなのでは？
・いろいろな個人情報の入力が面倒になってしまったのでは？
・そもそも検討段階において、他人にシェアするような商材ではないのでは？

原因となる仮説が出せたら、その確からしさを検証するために、さらにより細かく分析（＝解析）し、仮説をデータで裏付けていきます。ここでは「〜かもしれない」と、アブダクション的に先に仮説を出す例を書いていますが、顧客の行動パターンを読み解き、「〜といえるかもしれない」と帰納法的にデータから先に仮説を出す方が納得感があります。

データを用いて確からしい原因を定義することで、「こういう属性の人が」→「こうしたら」→「こうなった」のでは？ という因果関係が組み立てられるようになるわけです。

確からしい因果関係を組み立てる

“こういう属性の人が”をつくってみる

「こういう属性の人が」と言われても、どんな属性があるのだろうか？ と考えてしまう人もいるかもしれません。属性の出し方を3つご紹介します。

❶アクセスログツールで抽出できる属性

もっとも簡単なものは、Google Analytics 等のアクセスログ分析ツールで閲覧できるものから抽出できる属性です。たとえば、流入元別、行動別にセグメントを切って Web サイトのユーザーをカテゴライズします。

●流入元別

自然検索でアクセスした人が……
リスティング広告でアクセスした人が……
□□という Web サイトからアクセスした人が……　等

●行動別

最初に□□というページにランディングした人が……
□□というページを閲覧した人が……
コンバージョンした人が……　等

実際にはそれぞれ、「人が」ではなく「セッションが」という単位になりますが、ここでは理解しやすいように「人が」としています。

❷ログイン機能のあるサイト、MAを活用して抽出できる属性

ID／PWを求めるマイページやMA機能のあるWebサイト、さらにアプリを利用した実店舗での購入履歴等もわかるようなデータベースがあるようなら、さまざまな属性～個人単位での分析が可能になります。

●デモグラフィック属性別

□□歳から□□歳の人が……

年収□□から□□の人が……　等

●サイコグラフィック属性別

アンケートで□□と答えた人が……　等

●ジオグラフィック属性別

商圏となる半径10kmエリアに住んでいる人が……

○月～○月の温度が□℃以上のエリアに住んでいる人が……　等

●購入データ別

1か月に□□を××円以上購入する人が……

ポイント累積数□□□□以下の人が……　等

●個人別

□□□□さんが……

といったように、より具体的に属性をつくって、分析することができます。

❸クラスタリングして属性をつくる

顧客をどのように分ければ良いかわからない場合に、よく活用する方法にクラスタ分析があります。さまざまな属性情報、購入情報、行動情報、行動結果情報、さらにはアンケート等の情報も加え、似たものを集めてクラスタ（集団）をつくり、「こういうクラスタの人が→こうなった」というものを可視化していきます。

そして、その間にある「こうしたから（しなかったので）」であろうという仮説を出していくわけです。

次ページの表は、アンケート回答者にお金の使い方を中心とした価値観のアンケートをとり、LINEやメールの開封状況等と組み合わせてクラスタ分析したケースです。クラスタは分析者が指定した数でいくつかつくり、特徴を見て納得性のあるかたちで最終的な数を出すのがオーソドックスな方法です。今回は７つのクラスタでまとめてみました。

クラスタ分析の例

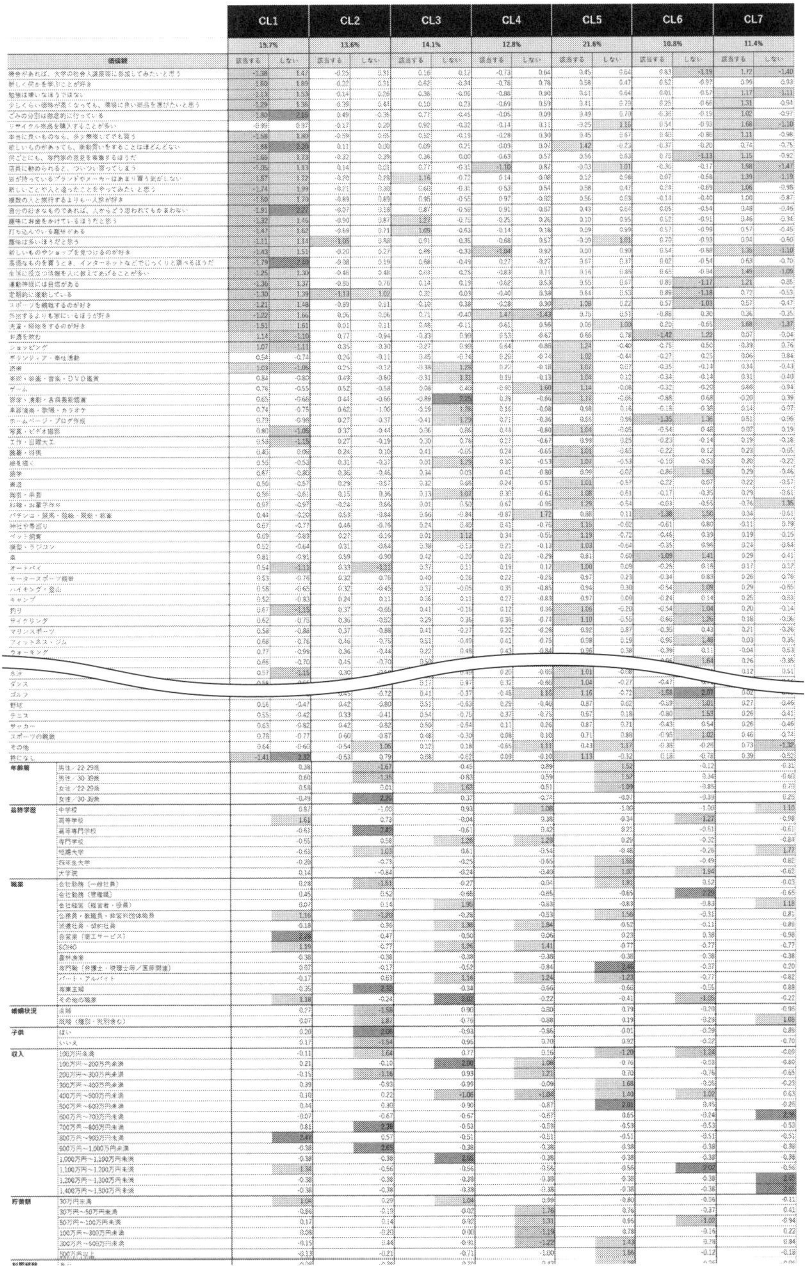

この表は、表側は上部に価値観、下部に属性情報やどのようなコンテンツに反応したかという行動データが記載されており、クラスタを決める因子になっています。この因子の強弱によって、クラスタ CL1 〜 CL7 までの差異となる特徴が明確になります。濃いグレー色のセルの数字は非常に因子が強く出ているところ、マイナスの数字は逆に弱いところです。たとえば、CL5 の因子が高いところ（表から省略されている項目も含みます）をみると、

〈堅実な側面〉

・衝動買いしない

・リサイクル品を購入することが多い

・洗濯や掃除をするのが好き

〈大胆な側面〉

・リスクがあっても投資する

・新聞やニュース等は目を通す

・時代や流行の先取りをしている

〈活動的な側面〉

・田舎暮らしにあこがれる

・小物選びはこだわる

・屋外で行われる集団スポーツへの関心が高い

……等です。そして、大学や大学院卒の比率、専門職に就いている比率、貯金している額がほかのクラスタよりも高いこともわかりました。このようなことから、私たちは「CL5」の人たちのことを「大胆な行動をとるが損もしない層」＝「冒険はするが怪我しない派」と名付けてみました。

名前を付けると、何か少しデータから顧客が見えた気になりませんか？

クラスタ名をつける

CL1	CL2	CL3	CL4	CL5	CL6	CL7
とにかく いまが大事派	まずは子育て 自分のことは 後で…派	生き方自己流 私を磨く派	小さなことから 手堅く コツコツ派	冒険するが 怪我しない派	自分で確かめ 自分でやる派	私は目利き 先取り派
稼いだら使う自営、 公務員など。 高卒で地元密着で 仕事している?	子育てが忙しく 自分の時間は もてない 30代主婦	結婚せず、趣味に 時間を費やす 20代女性。 文化的なことは 苦手	あまり 稼いでいないが、 頑張って 貯めている。 無駄遣いしない。	高学歴で 年収高め。 貯金も投資も している。 アクティブな人たち	高学歴だが、 投資などはせず 自分の目で 確かめたがる 現実派。	自分で お金を稼ぐ。 既婚女性。 家事は時短で。

このようにクラスタごとの特徴を抽出·命名し、「クラスタ○○は、こんな動きをする」ということをまとめてみると、「なぜ、そうなるのだろうか？」「では、どうすれば、このクラスタの態度変容を促せるのか？」といった仮説を立てやすくなります。

クラスタ分析したデータに個人情報が紐づいていれば、個々人へのプロモーションもクラスタごとの施策で対応できるようになります。

なお、クラスタ分析は大掛かりなツールを使わなくても、Python で比較的簡単にプログラムを組むことができますし、つくったプログラムを MA や LINE 等の SNS コミュニケーションツールと連携させれば、最新の行動情報を基にスピーディにクラスタを可視化・分析することも可能です。

「データの取り扱いがうまい」とはどういうことか

もちろん、すべての仮説を手元にあるデータで裏付けられないことも多々ありますが、できるだけ過去のデータや別のオープンソース等のデータにあたり、仮説の確からしさを担保しましょう。この深掘のワークが、2次分析・3次分析……と呼ばれるものです。

こうした問いと仮説がないと、「こういう属性の人が」→「こうなった」だけのデータ分析になってしまい、私たちが本当に知りたいことである、

・発信したコンテンツが狙い通りの態度変容を促したのか？
・そうでないとしたら原因は何か？
・次に発信するコンテンツはどう改善したらいいのか？

……といった次の打ち手につながる示唆が得られません。ぜひ、根気よく「なぜこうなったのだろう？」を繰り返し、さらにデータで裏付けていくことを繰り返してみてください。

とはいえ、マーケターの仕事はアカデミックで求められるレベルとは異なり、仮説の確からしさをどこまでも追求することではありません。
ビジネスの関与者が「いまは、そう解釈するしかないよね」と容認できるレベルで充分だと思います。実際の検証は、コンテンツの改良時もしくは、新しいコンテンツを出すときに行えばいいのです。このとき活きるのが、4章で作成したコンテンツブリーフです。過去のコンテンツブリーフに結果と考察を記載し、次の打ち手へとつなげていくことが、上手なデータの活用方法です。

これまでのデータ分析の作業内容を簡単にまとめると、

(1) 事実（＝結果）の抽出
(2) 事実の因果関係に対する「問い」
(3)「問い」に対する解答（＝原因）の仮説立て
(4) 原因となる仮説の確からしさの検証
(5) 必要に応じて（2）～（4）の繰り返し
(6) 確からしい原因がわかったら、次の打ち手の提示

……となります。この一連の作業が「意識的に」できるようになる、すなわち「データ分析の工程を明確にし、自分はいまどの工程の作業をしているのか」を理解しながら作業できるようになると、データの取り扱いが格段にうまくなったと言えるでしょう。

データ分析に慣れない人は、これらが整理されておらず、事実を抽出しただけのアウトプット資料に自分なりのデータの解釈を書いてみたり、自分の経験則だけで原因を推察してみたり、事実と問いと仮説が判然としないままに「こうするべき」と結論づけてしまったり……等、後々立ち返りにくい奇妙な資料をつくってしまうことが多々ありますので注意しましょう。

よく使うマーケティングのデータ及び統合化

改めて言うまでもなく、マーケティングデータの取得目的は、ターゲットとする顧客は何をすれば態度変容するか（認知してくれる、覚えてくれる、ポジティブな意識をもってもらう、忘れない、買う、ファンになる、人に勧める等）を知ることです。この目的の達成につながりそうなものであれば、私たちは何でもデータとして扱います。よく使うデータは、次のようなものです。

顧客の態度変容を確かめるもの

デジタル行動	Webサイトやアプリ等のアクセスログデータ／Webサイトや SNS等の広告データ MA（マーケティングオートメーション）から抜き出せるデータ
リアル行動	IoTや顔認証（センサーによる行動把握） チェックイン（スマホでのGPSやビーコンによる行動把握）
購買行動	購買データ（RFM分析、デシル分析等）
共有行動	口コミデータ（定量、定性）／SNSデータ（投稿内容、フォロワー数等）
好印象評価	NPS（ネットプロモーターズスコア（R））の回答データ／各種アンケート調査（定量、定性）

前述の通り、データ分析の具体的な方法論については本書では言及しません。それでも、ここで１つだけ強調しておきたいのは、こうしたデータを「単体」で「短期的」に分析するのみならず、「複合的」かつ「長期的視点」で分析することが重要であるということです。

ここでいう「複合的」とは、たとえば、

・購買データから「商品A」が「直近2週間」でかなり売れていることがわかった
・顧客データを掛け合わせてみると「30代女性」「会社員」が買っていた
・購入会員のアプリでの動きをみると「ある日のある時間帯」にかなりアクセスがあった
・SNSのその時間の「口コミデータ」をみると「あるYouTuber」の情報が拡散されていた
・どうもその時間、ライブ配信をした際に、当社商品に言及していたらしい

……といったことです。前述したように「結果」から「なぜ」という質問を繰り返し、「原因」を探っていくということにほかなりませんが、自社サイトだけでなく、さまざまなメディアの情報にアプローチできるようにしておくということが大事になります。

さらに「長期的視点」とは、たとえば、何千邸という住宅購入者の新築時とリフォーム時のデータベースを何十年も管理していると、

・築年後、何年頃にどこのリフォームが多いかがわかる
・どんな間取りは、どのようにリフォームする傾向があるかがわかる
・年代ごとに分析すると、リフォームのトレンドがわかる
・年次や間取り別に、リフォームのレコメンドができるようになる
・間取りに合わせてクロスセルやアップセル等ができるようになる
・ホームエネルギーマネジメントシステムを導入しているなら上手な活用方法を提案できる
・空き家になりそうであれば、賃貸への転換や売却、相続のサポートができる

……というように、新しいビジネスにもつながります。

こういったことは、私の記憶では1990年代後半から議論はされていましたが、さまざまな企業においてデータを複合的かつ長期的に分析する基盤の整備が進んだのは、ここ10年くらいの間だと思います。

特にマーケティング視点でみるとCDP（Customer Data Platform）のように、個々の顧客にさまざまなデータを紐づけていくケースが多く見られます。従来はつながっていなかった顧客個々人の「自社サイトやアプリの閲覧情報」「コメント情報」「自社の店舗での購入情報」「コールセンターへの問い合わせ情報」「修理の履歴情報」「アンケート情報」「購入・キャンセル情報」等を、ひとまとまりの「顧客データ」としてアウトプットできるようになってきました。これによって「複合的」かつ「長期的」に顧客情報を分析することができ、マーケターが出す、さまざまな「～かもしれない」という仮説の裏付けができる環境が整ってきています。

個人識別ID

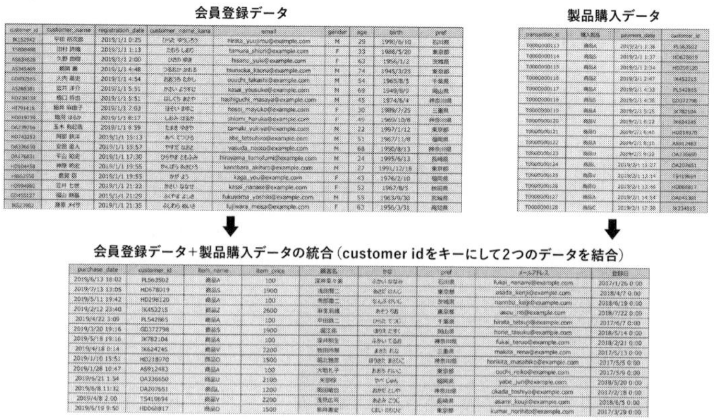

COLUMN

一次データと丁寧に向き合う

ローデータを見るのはキャリアの浅い人だと思われがちですが、プランニングをディレクションする立場に立つ人ほど、一次情報と向き合っているように感じます。たとえば、膨大な数にのぼるSEOの検索キーワードや、フリーアンサーによるアンケート等の定性データをテキストマイニングで分析する場合です。調べられているクエリの分布やボリューム、自由回答情報については、必ず自分の目で確かめて「○○が多いな、おそらくこういう傾向なのかな？」と自分なりの肌感で仮説を立てている人も多いのではないでしょうか？ データ分析ツールは確かに事実をまとめてくれるものの、何かいまひとつ回答者の背景にあるもののニュアンスがつかみにくく、仮説を立てる際に勘が働きづらい気がします。

DATA- DRIVEN MARKETING

CHAP. 7

データからコンテンツを改善する

データを組み合わせて UXの最適化をはかる

ここまで「仮説を基にコンテンツを制作→顧客の態度変容を促進→データを取得・分析する」ところを解説してきましたが、この章では分析した結果を主に何に活かすのか？ についてまとめていきます。

データを分析した結果の活用方法で重要なのは、UX（User Experience）を顧客の顕在・潜在ニーズに合わせて最適化していくことです。そこで最初に考えることはデータを基に、そういったUXの最適化を「どこまで自動化に委ねるか？」ということになります。

利用顧客の動きをパターン化し、自社のマーケティング活動をより生産的に行うことを考えれば、当然自動化による**パーソナライゼーション**が求められます。特に、自らは製品を生み出さず、利用顧客に最適な製品を販売する小売業であればなおさらです。どんな顧客に何をどのタイミングで自動的にレコメンドするか？ ということは、ECサイトで2000年代前半くらいから展開されています。

しかし、自動化を追求するだけでは、顧客の嗜好性によるさまざまな変化（飽きた、新しいものが欲しい、目立ちたい、承認されたい等）や新しい商材に対応できず、縮小均衡の道を歩まざるを得ません。そこで、自動化だけではなく、マーケティングプランナーが既存施策の改善や新しい打ち手のヒントをデータから探っていく必要があるわけです。活かすべきポイントは、大きく3点。**コンテンツ、タッチポイント**、そして高額商材におけるパーソナライゼーションというべき**個別折衝方法**です。

パーソナライゼーションの例

自治体の情報レコメンド

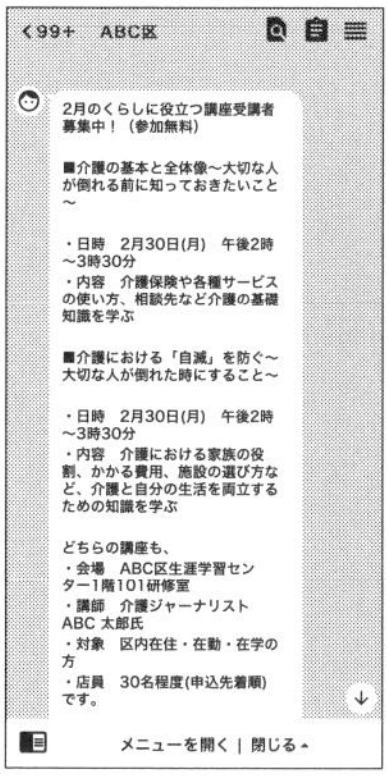

SNSのレコメンド

チェックイン後のレコメンド

ECサイトのほか、個々人の属性やあらかじめ登録している情報に基づいた自治体のコミュニケーションツール、閲覧履歴からAIを活用して画像・動画情報を提供するSNS、実店舗にチェックインした際におすすめ情報を提供するアプリなど、いろいろな場面で顧客の態度変容を目的としたコンテンツの自動提供化が進んでいます。自社まわりで自動化できるものはないでしょうか？

1 小売業等におけるパーソナライゼーション

まず、自動化によるパーソナライゼーションについて、まとめておきます。自動化とは、

- CDP（Customer Database Platform）等に集約されたさまざまなデータを基に、顧客をいくつかの属性にクラスタリングし（前章をご参照ください）、
- 「どんなクラスタの人が、どんな行動を起こしているのか？」ということを類型化して、そのクラスタに含まれる人は、おそらく同じような行動をするだろうと予想し、
- そのクラスタが好みそうな製品や買わせるためのコンテンツを自動的に見せればある一定数の顧客は、企業が想定しているアクションを起こす

可能性は高いだろう

……という仮説の下に展開される施策です。

ECサイトではおなじみですが「あなたへのおすすめ」「これを見た人は、こちらにも関心があります」「これを買った人は、これとこれを比較しています」「これを購入した人は、こちらも買っています」等のようなレコメンドがわかりやすい例です。こういったクラスタリング機能や協調フィルタリング機能のようなものがCDPに組み込まれていたり、CDPに別途ツールを組み合わせたりしてマーケティング活動の自動化をはかる一助になっています。

さらに、ここにはジオグラフィック属性等も掛け合わさり、ある場所にいる人だけにクーポンを送るとか、○回リピート購入した人にはポイントを付与するとか、パーソナライズしてキャンペーンのオファーを出す……といったルール型のレコメンデーション機能も併用され、ますます顧客ごとに最適な情報を提供できるようになってきているのは周知の通りです。

小売業は、商品がどんどん入れ替わっていくため、一人ひとりの顧客に向けて提示する商品の最適化を繰り返すことが可能であり、パーソナライゼーションすることがデータ活用の大きな目的のひとつであると言っていいでしょう。類似する顧客の行動パターンを機械学習させて商品を販売するタイミングや、商材の出し分け等をレコメンドし、顧客にとって嬉しい体験を生み出すことを目指しているわけです。

データを基にしたコンテンツ改修のイメージ

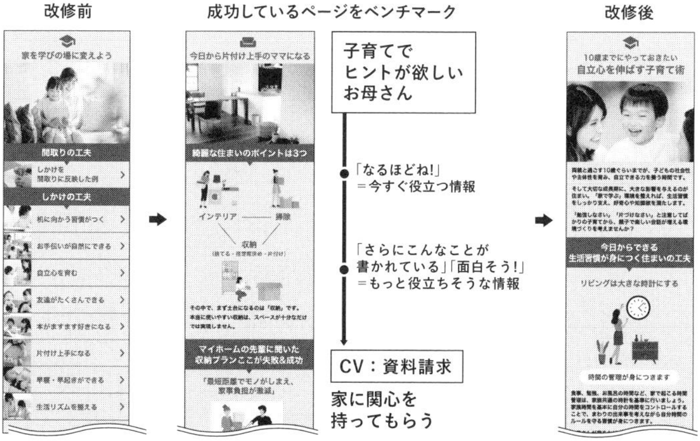

実績を上げているページがあれば、なぜそのページを見ると顧客が態度変容するのか？を分析し、既存ページの改善に応用します。最初からテストするつもりで、複数のシナリオやUIでコンテンツをつくり、成功するパターンを見出してから、各ページをチューニングしていくということもよく使う改善手法です。

❷コンテンツの改善・設計

しかし、自動化だけを追求していくとマーケティング活動は縮小均衡となってしまいますので、新しい製品・サービスを投入したり、現在提示している買わせるためのコンテンツを改善したり、新たなコンテンツを加えたりして、新たな市場をつくり、市場の変化に対応していかなければなりません。

データを基にしたコンテンツの改修例としては、うまくいっているコンテンツの切り口（関心を持たせる切り口、誘導するための切り口）やコミュニケーション・シナリオを分析し、それを真似ることで改善が期待できます。顧客のサイト内での行動を分析し、コンテンツの打ち出しに強弱をつけたり、レイアウトに変化を加えたりするのも効果的です。

アクションボタンの色や大きさなども重要ではありますが、全体のシナリオに合わせた違和感のない提案ができているのか？ 顧客が動く価値のあるコピーで誘導しているのか？ 等、もっとチェックすべきところはあるはずです。

データを基にした構成改修のイメージ

改修前　　　　　　　　　　　　改修後に離脱が大幅に減少

WebサイトのHOMEは、顧客のサイトへの流入状況や各ページ間の回遊状況を把握し、何をどのような大きさで配置すべきかを考えていきます。特にHOMEやナビゲーション等は、その設計如何で離脱率が決まってしまいますので、定期的にデータを見て改善したほうが良いでしょう。

データを基にしたアクションボタン改修のイメージ

改修前　　　　　改修後、CV率が1.2~1.45倍に改善

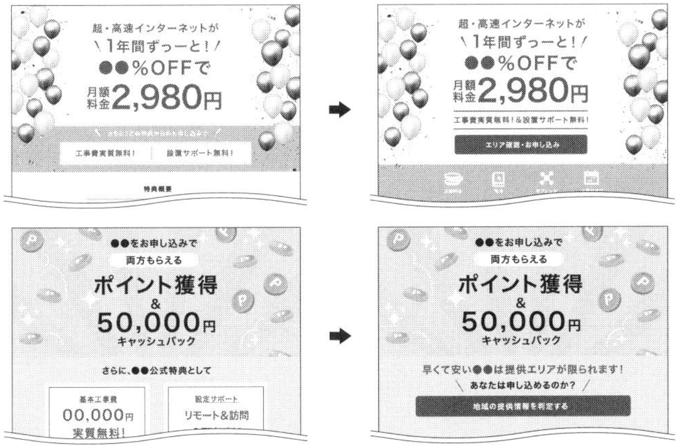

コンバージョンボタンのコピー、配置、大きさ、色等は、UIそのものの改善としてわかりやすいものです。しかし、ここに至るまでのコンテンツの切り口やシナリオがしっかり設計されていなければ、ボタンまわりだけ改善しても、あまり大きな成果は見込めません。

3 タッチポイントの設計・改善

コンテンツと同時に、顧客の行動データから、利用顧客との接点となるタッチポイントも改善できます。タッチポイントとは、認知や理解をしてもらうタイミングや場所、メディアだけでなく、Webサイト内の導線やUI (User Interface) も関わります。たとえば、ある顧客クラスタAには、

・どのSNSに情報を出すと、情報が浸透しやすいか？
・どのメディアに広告を打つと集客しやすいか？
・毎週何回、何時頃PUSH通知をすると、アクションしてもらいやすいか？

……等の情報から、広告配信プランを改善したり

ある顧客クラスタＢには、

・どこにコンバージョンボタンを置くと、押してもらいやすいか？
・どのような文言にすると、押してもらいやすいか？
・サイト内でどのような絞り込み機能を設けると離脱しないのか？

……等の情報から、UIを改善したりします。

タッチポイントは、❷のコンテンツとも密接につながっていますが、改善活動や新たな施策を打ち出していく場合は、いったん分けて、どちらを改善すべきなのかを意識的に考える必要があります。これは、コンテンツか？ UIや機能か？ に迷ったら、UIや機能の目的（コンテンツを効率的にユーザーにお届けすること）を思い出してください。

❹高額商材における個別折衝方法の設計・改善

製品・サービスの点数が少なく、カスタマイズ性の高いB2B商材や不動産等B2Cの高額商材は、顧客の課題に合わせた商材の提供をするために営業パーソンを介することが多くなります。

そもそも製品・サービス点数が少ないため、小売りのように製品・サービスそのものをカスタマイズ要素に使うのは困難です。ですから、Web上での買わせるコンテンツの数を増やしてパーソナライズしたり、リアルで顧客と折衝する際に使う営業資料の数を増やしたりして、それぞれの顧客課題に合わせた人力レコメンデーションを行う必要があります。

ただ、人力レコメンデーションのすべてを営業パーソンの勘に頼るのではなく、目の前の顧客の属性・行動データをCRM（Customer Relationship Management）／SFA（Sales Force Automation）のデータベースから引き出し、営業パーソンがその周囲のメンバーにも相談し、確からしい仮説を立てて提案していく必要があります。もちろん、その提案内容と結果等もカテゴリ化、数値化し、データベースに反映させておくべきでしょう。リアルの接触情報もすべてデータ化して、次のアプローチや集合知にも反映させていくのが、データドリブンマーケティングです。

データを基につくる営業折衝タブレット画面

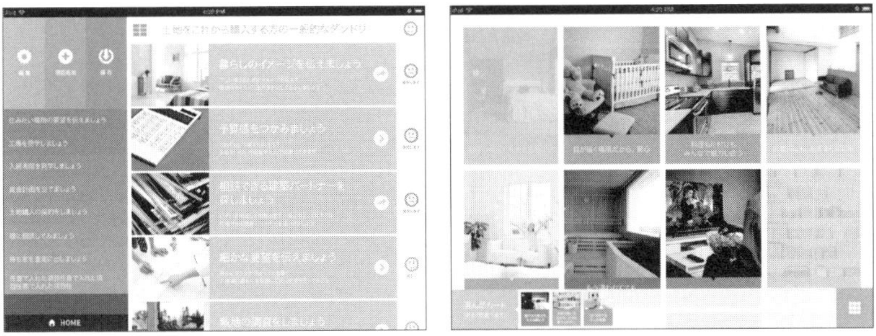

営業パーソンと顧客が対面で話をすることを想定したタブレット型のツール例です。高額商材の折衝においては、営業パーソンが顧客に何をどのくらい、どの順番で見せているのかをデータで取得し、顧客のプロフィールや態度変容の状況と掛け合わせてデータを分析することで、成功パターンが導けることがあります。さらに優績営業パーソンの方法を真似る営業プログラムの開発にも役立ちます。

COLUMN

マーケティングDX先行事例の見方

成功事例を研究するのも、曖昧模糊としているデータドリブンマーケティングの全容を理解するのに役立ちます。幸い、CDP（Customer Data Platform）を運用する企業等が、参考になる多くの情報をオープンにしています。それら先行企業がどのような目的で、どのようなデータを、どのような顧客・内部コミュニケーションを通じて、データドリブンマーケティングを推進しているのか参考にしてみると良いでしょう。

スタディ（事例研究）のポイント

●どのような狙いで行っているのか？（例）

・新規会員の獲得

・ファン創造

・顧客理解に基づいた長期的なエンゲージメントの向上

・視聴者のLTV算出とそれによる広告費の最適化

・パーソナライズ販売の推進による在庫の最適化

・値引き以外での付加価値創造

●どのような顧客コミュニケーション方法で行っているか？（例）

・顧客のアプリ内行動と購買行動・結果を紐づけてロイヤルティに寄与しそうな要素を分析

・オンライン商談を録音してテキストにして分析し、成果の出ている営業担当者の特徴を指標化して、営業現場で活用してもらう

・チェックイン、コンバージョン、クリップ、店内滞在、購買後評価の顧客データを取得して、よりニーズに合った購買体験を提供する

・顧客データを分析した際、ニーズを満たすコンテンツが自社にない場合、タイアップコンテンツ施策を準備する

●どのような内部コミュニケーションを行っているか？（例）

・プロジェクト開始前の現状把握と理想とする姿を社内で共有している
・クライアント企業が自社と付き合うと、どんなストーリーが生まれるのか？ を社内できちんと共有している
・現場に「腹落ち」させないとデジタルマーケティングは進まないのでプロモーションの効果測定を業務フローに組み込んでいる

等、自社の取り組みを進めていくうえで参考になるものが見つかるはずです。

CHAP.

8

全体図を伝えるための
バウンダリーオブジェクト

バウンダリーオブジェクトの必要性

3～7章でご紹介したのは、顧客コミュニケーションのためにマーケターが用意する「コンテンツブリーフ」を中核とする議論でした。これから続く8～9章は、社内とのコミュニケーションのためにマーケターが用意すべき「バウンダリーオブジェクト」について解説していきます。

再度確認しておくと、**バウンダリーオブジェクトとは、データドリブンマーケティングを推進する背景や目的、目標、施策内容や想定リスク等を社内の各部署と共有するためにマーケティングプランナーが用意する資料**のことです。言ってみれば「社内向け」資料なのですが、顧客に対するコミュニケーションを円滑に進めるためにも欠かせません。バウンダリーオブジェクトがあれば、「その話は聞いてない」「別の部署のことはわからない」等の部門をまたいだ連携で起こりがちなコミュニケーションロスを防げるだけでなく、内部スタッフの意思決定にも寄与し、一人ひとりが自律的に動ける環境づくりに役立つからです。

バウンダリーオブジェクトとは、その名が示す通り、経営層やマーケティング部門、営業部門、システム部門をはじめ、デザイナーやデータアナリスト等の専門家といったバウンダリー（境界）をつなぐ道具としてのオブジェクト（もの・言葉・シンボル）だと言えます。

改めての説明になりますが、バウンダリーオブジェクトの作成者がマーケティングプランナーだとするなら、バウンダリーオブジェクトの読者（内部スタッフ）は大きく3つに分類できます。

1. 意思決定者：主に経営層、事業部長クラス等
2. 担当者：主に部課長クラス、実務者等

❸専門チーム：自社のシステム部や外部のエンジニア、デザイナー、アナリスト等

2章でも触れた通り、バウンダリーオブジェクトを作成するにあたっての重要なポイントは、これら内部スタッフ別に用意することです。役員には役員向けの、システム担当にはシステム担当向けの資料を用意するわけですが、当然ながら盛り込むべき内容も大きく異なります。

バウンダリーオブジェクトはプロジェクト全体を俯瞰視点で描くため全体図（全体像）と呼ばれることもあるのですが、そのせいで「関係者全員に」マーケティング施策に関する「すべての情報を」1つの資料に盛り込まなければならない、と勘違いしてしまう人がいます。しかし、1つの資料に盛り込める情報量は物理的に限られてしまいますし、それでは誰に対して何を伝えたいのかわからない、焦点のぼやけた資料になるだけです。

よくあるのは、たとえば担当者にとっては情報が不足し、また意思決定者に対しては余計な情報だらけといったケースです。結果的に各方面から「もっとこの情報を入れて」「この情報はいらない」等のチェックが多数入り、議論の収拾をつけるのに、ひどく苦労するはめになります。しかも、そんな資料を完成させたところで、誰のためにもならないのです。

何のためのバウンダリーオブジェクトなのかを理解していれば、そのようなことは起こりません。あれもこれもと資料に盛り込むのではなく、たとえば、役員はデジタルマーケティングに関わる意思決定ができるようなKGI-KPIに紐づく情報を、担当者にはデータ連携のプロセスや推進方法を、そして専門チームには具体的なシステム要件を、といったように内部スタッフの業務に直結する情報を取捨選択すればいいのです。

なお、コンテンツブリーフの作成も含め、こうしたバウンダリーオブジェクトをすべて描き、マーケティング施策全体をコントロールする当事

者のことを、私たちは「多能工型マーケティングプランナー」と呼んでいます。ここで「多能工」としているのは、バウンダリーオブジェクトの作成には施策・コンテンツの企画制作のスキル以外にデータやシステムに関する知識も必要とされ、従来のマーケターの職能を超えているところがあるためです。

多能工型マーケティングプランナーは、内部スタッフに渡した３種のバウンダリーオブジェクトを頭のなかでつなげて理解しています。本書ではそれを全体図（像）とは呼ばずに、"飛ぶ鳥が複数の全体図（像）を俯瞰しながら行き来して理解する"という意味で「鳥瞰図」と呼びたいと思います。多能工型マーケティングプランナーは、必要に応じて各バウンダリーオブジェクトの内容を組み合わせて資料化（たとえば、プロモーション全体フローとデータベース、データ分析の関係図等）することも可能です。

ターゲット別バウンダリー・オブジェクトのイメージ

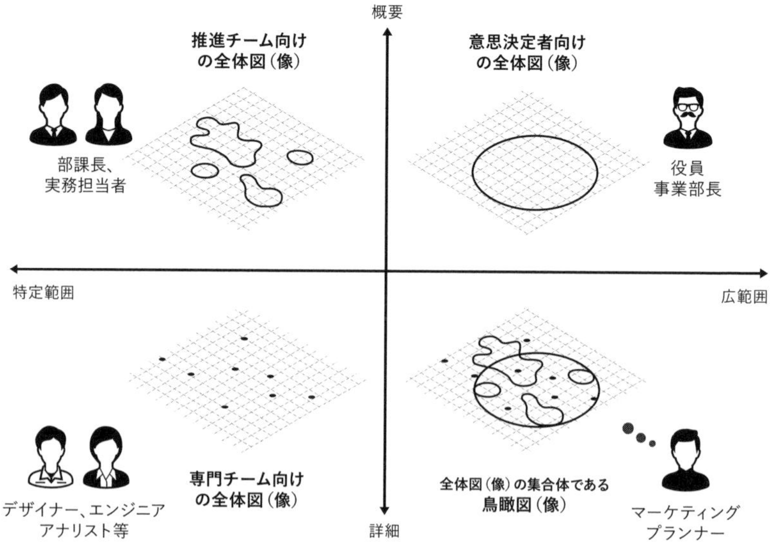

バウンダリーオブジェクトの12例

バウンダリーオブジェクトを一からつくり上げる作業は煩雑であり、またクライアントごとに内容もまちまちであることから、標準的な作成方法を解説するのは困難です。ここでは、私たちが普段用意しているバウンダリーオブジェクトの例を大きく12パターンに分けてご紹介します。クライアントや案件内容によってアウトプットのイメージは異なりますが、概ねこのような資料があると、内部コミュニケーションも進みやすいのではないでしょうか？

バウンダリーオブジェクトのパターン例

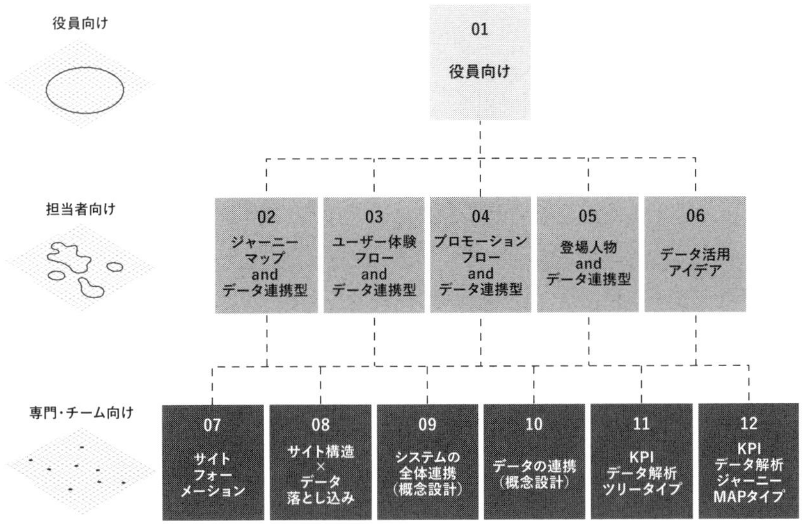

役員（意思決定者）向けの
バウンダリーオブジェクト例

01役員向けに1枚でまとめる資料

多忙な意思決定者が知りたいことを簡潔に（たとえばA3×1枚程度で）まとめます。

マーケティングやデジタル系の知識に精通していないかもしれない役員向けに、用語も含めてわかりやすくまとめる場合もありますが、最低限必要な内容として盛り込むことが多いのは、次のような情報です。

- As-Is（現状の問題とその主な原因）
- 課題（例「Web系メディアからのリード獲得数を増やす」
「サイトにアクセスしたユーザーからの資料請求を増やす」）
- 具体的な施策名称
- 施策目的（誰を、どう態度変容させるのか）
- 施策目標（KGI：どのくらいの人を態度変容させるか、
いくら売り上げを上げるか）
- 施策のしくみ（概要）
- 施策KPI
- 施策の留意点（現在考えられる想定リスク）
- 大枠のスケジュール
- 想定費用、ROI

意思決定者が特に聞きたいのはROIですが、ほかの項目も資料に掲載されていなければ必ず「○○はどう考えているの？」と指摘されるはずです。すべては意思決定をスムーズに進めていただくために、専門知識がなくても一読してわかる構成、端的な文章、レイアウト等を考え、マネジメント層がスムーズに理解できるものを提出したいものです。

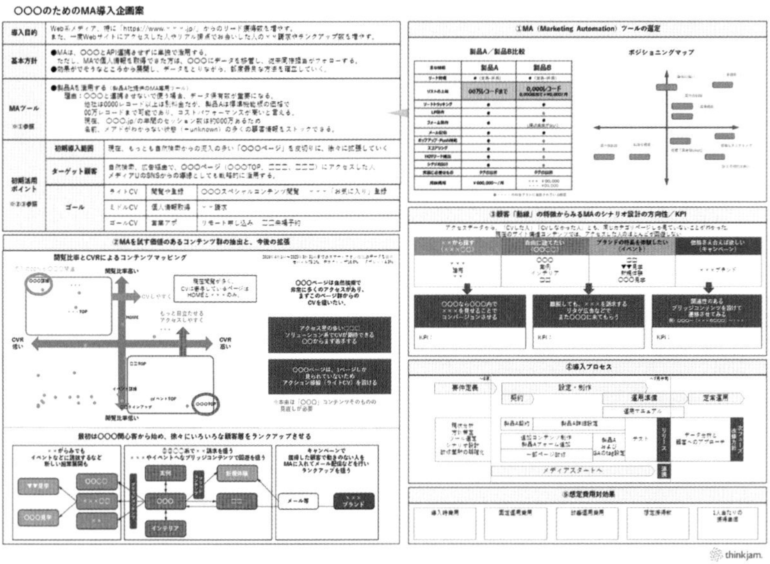

担当者向けの
バウンダリーオブジェクト例

デジタルマーケティング施策の概要を可視化し、仕組みをより良いものにするための「タタキ台」として描かれるものを、以下02〜06の５つのパターンに整理しました。マーケティング施策の中身にあたるものであり、業務上はこれらのバウンダリーオブジェクトが最初に描かれるケースが一般的です。

02顧客のジャーニーマップをベースにしたデータ連携・活用

高額商材においてデジタルで顧客を集客するところから店舗誘致や営業担当者につなぐまでのジャーニーマップの骨子に対して、どのようにデジタルとリアルでアプローチし、その裏側でMAから得られたデータやSFAに登録されたデータがどのように活用されているのかを描いたものです。

インターネットを通じて取得されたデータとリアル店舗で取得されたデータ、コールセンターへの問い合わせデータ等が、どのように連携すれば顧客との良質なリレーションが構築できるようになるのか？ が理解しやすくなります。

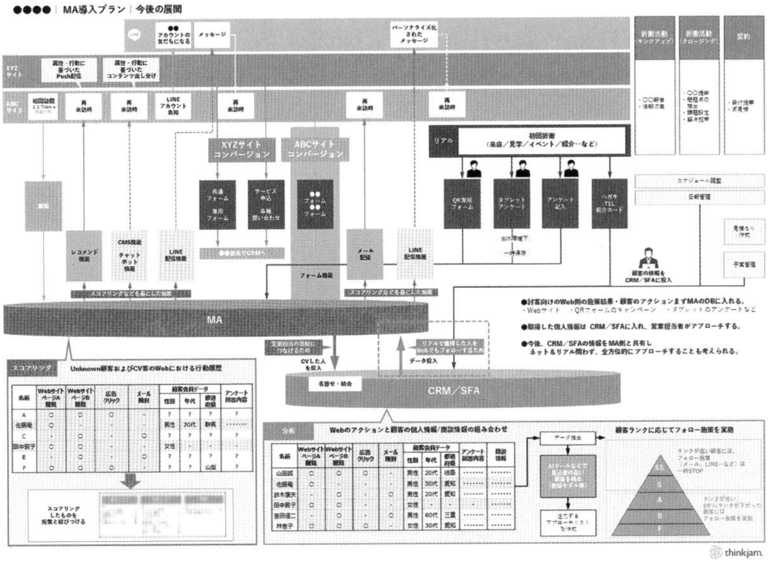

03 ユーザー体験フローをベースにしたデータ連携・活用

レストランチェーン店におけるお客様の予約～再来店のご連絡までの一連の顧客の体験フローをベースに、フロア側の施策とバックヤード側の施策を描いたものです。2枚のバウンダリーオブジェクトを並べることで、ユーザーが何をきっかけにどう動くのか、そのとき店舗のスタッフが何をして、どんなデータが取得されるのか等を、おおまかにつかむことができ、顧客視点で業務全体の改善がしやすくなります。

ユーザー体験と施策について

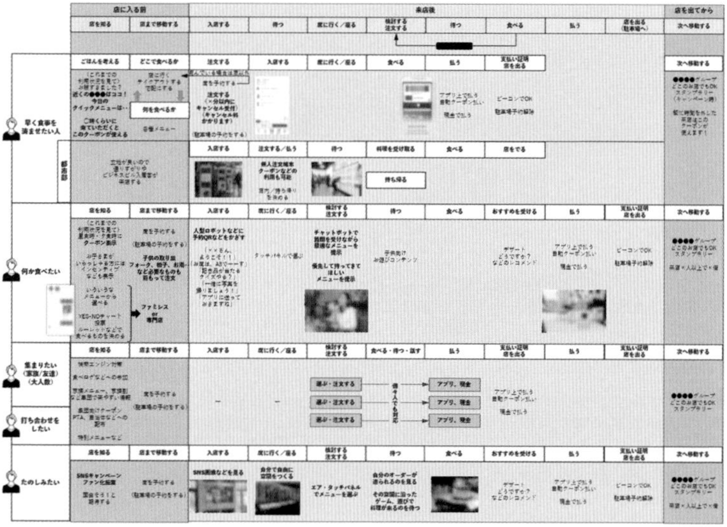

クルー（例：●●●●）の体験と施策について

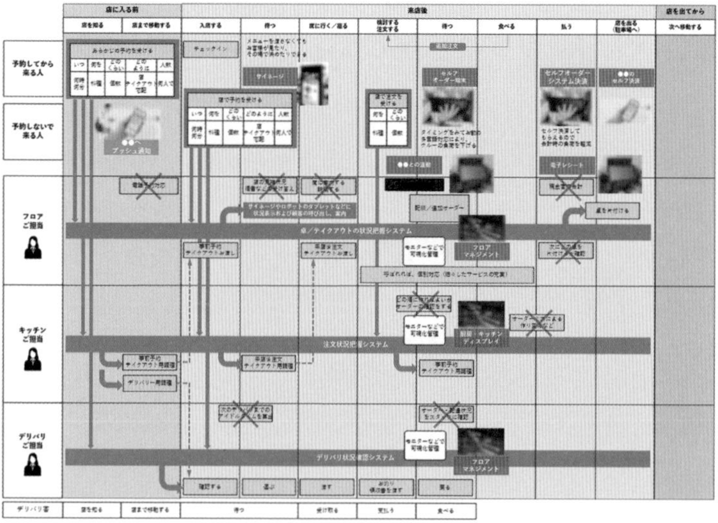

04 プロモーションフローをベースにしたデータ連携・活用

「広告で認知させ、アクションに応じてポイントを付与して、顧客を動かす」タイプのキャンペーンの例です。認知からゴールまでの一連の顧客フローを軸に、「メールやLINEで情報を入手した」「資料を請求した」「来店した」等の顧客のアクションをプロットし、そこでデータをどのように取得し、どう連携させていくのかを描いています。プロモーション施策の全体像として把握しやすいため、企画にヌケ・ダブリがないかという確認資料としても活用されます。

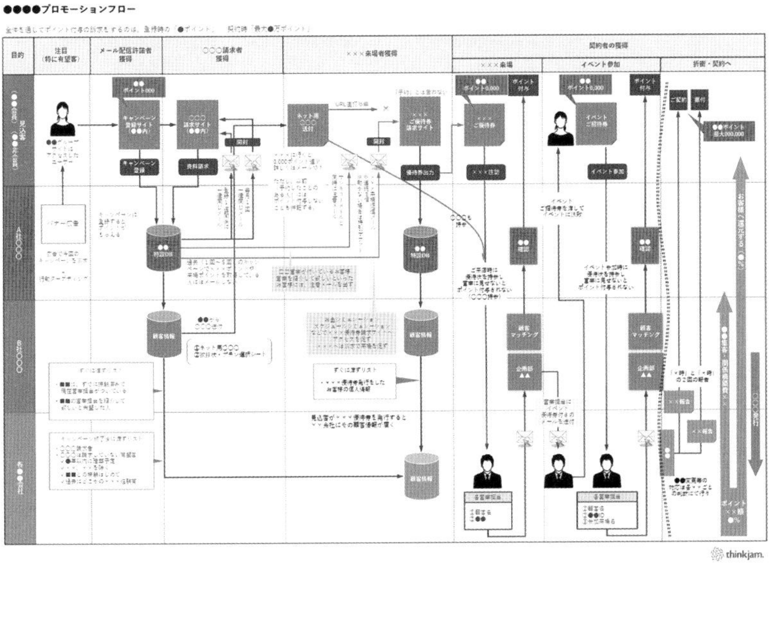

05 登場人物をベースにしたデータ連携・活用

主にビジネスモデルの登場人物（プレイヤー）を中心にした全体図（像）は、生産性向上や業務効率化の可能性を検討する際に活用されます。ここでご紹介するものは、B2B商材のプレイヤー（メーカー、代理店・販売店、工事店等）を軸に、情報の動きのAs-Is（現状）とTo-Be（あるべき姿）を対照させるように2枚にわたって描いています。同じフレームワークでBefore⇔Afterをまとめると内部スタッフの理解も進みます。

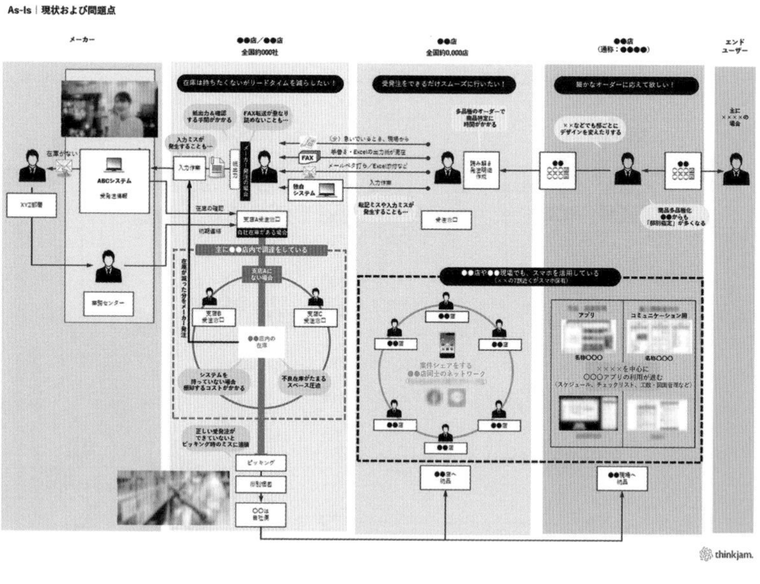

To-Be｜ありたい姿｜●●管理＆●●の導入

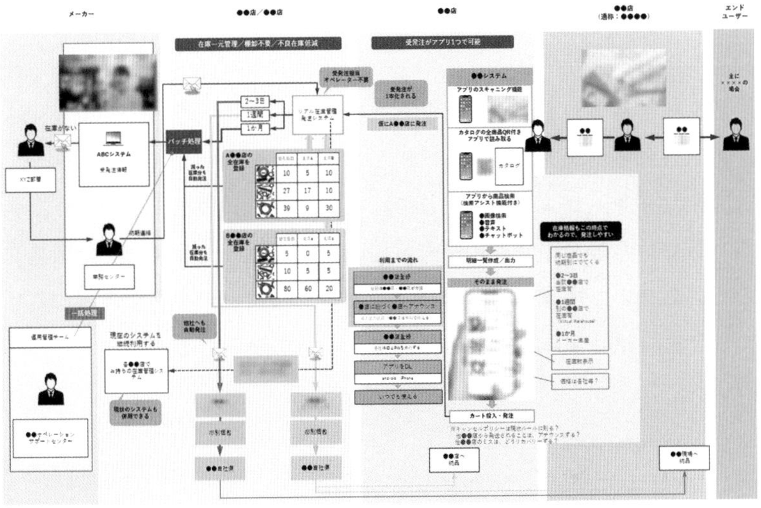

thinkjam.

06 データを活用したアイデアをまとめる

「顧客から取得したデータを活用して次のビジネスに結びつけていく仕組み」を1枚に描いたもので、ビジネスモデルの具体的な内容を議論する場合に活用されるバウンダリーオブジェクトです。自社顧客のデータから、自社の製品・サービスを売るだけではなく、他社の製品を売ったり、顧客が所有している製品やスキルを売っていただいたり、顧客同士で意見交換をしていただいた情報を販売したり……等、顧客のデータを活用するビジネスモデルを検証する場合も、全体図（像）が役立ちます。

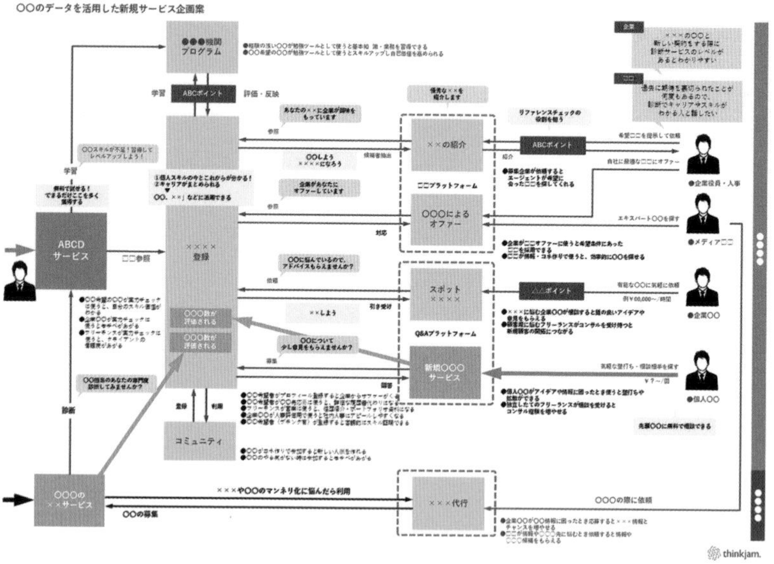

専門チーム向けの
バウンダリーオブジェクト例

企業のマーケターが、Webサイト&アプリ制作チーム、システム開発チーム、アナリティクスチーム等と共有して現状を把握したり、具体的な実現方法を探ったりするためのバウンダリーオブジェクトとして、5つのサンプルをご紹介します。

07サイトフォーメーション

Webサイト等のデジタルコンテンツを画面上でどのように配置して、顧客にどのような体験をさせようとしているのかをまとめた初期構造の図です。UIデザイナー、デザイナー、コーダー、広告運用スタッフ等と共有します。Webサイトはデータをとりながら改善していく想定でつくっていきますが、初期構築段階の仮説としてこうした設計図を用意することは、その後の作業を効率化するために、また運用をしていく上での基軸とするために不可欠なものです。

●●●● | サイト全体構造

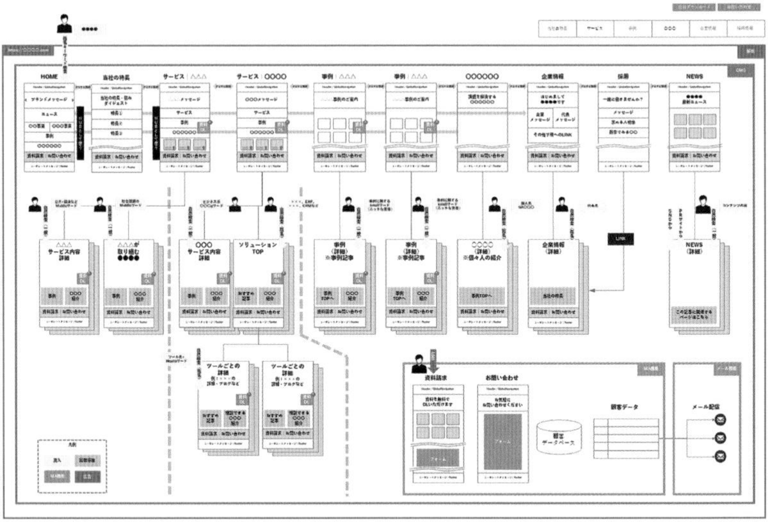

thinkjam.

08 サイト構造及び各データとの連携

デジタルメディアにアクセスしたユーザー（実際のコミュニケーション顧客であるかどうかは不明）のデータ蓄積と活用方法を、データ取得の主要画面とデータベースのカラム部分を中心に一覧化しています。主に担当者を交えつつ、専門スタッフ陣がWebサイトのフロントエンドとバックエンドの概要設計を考える際に活躍します。

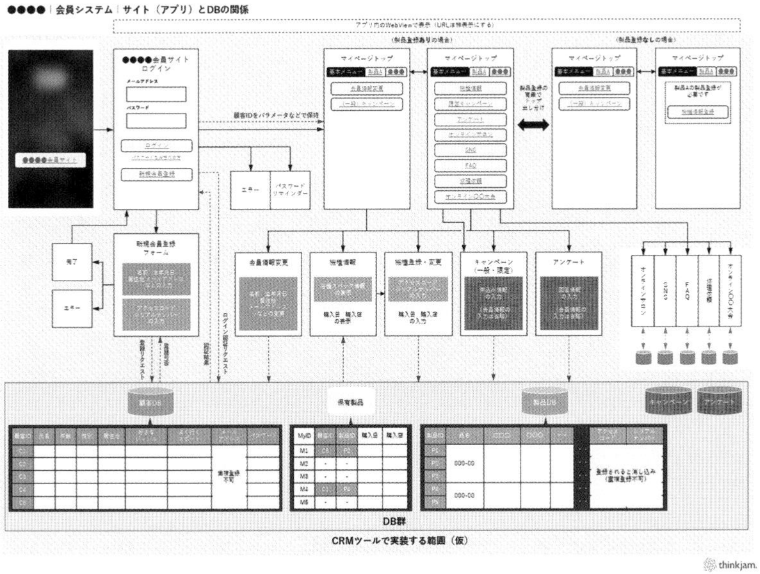

09 システムの全体連携（概念設計）

マーケティングデータの取得・活用の改善を行うために、現在どのようなシステムでデータ連携をしているか？ といったファクトをまとめたものです。部署を越えて全社的なシステムが可視化されることで、今後の打ち手を考える際に大いに役立ちます。変化があるたびにバージョンアップをしていくことで、バックエンド側やフロントエンド側のエンジニア、データアナリスト等とのコミュニケーションがスムーズになります。

現状のデータ連携

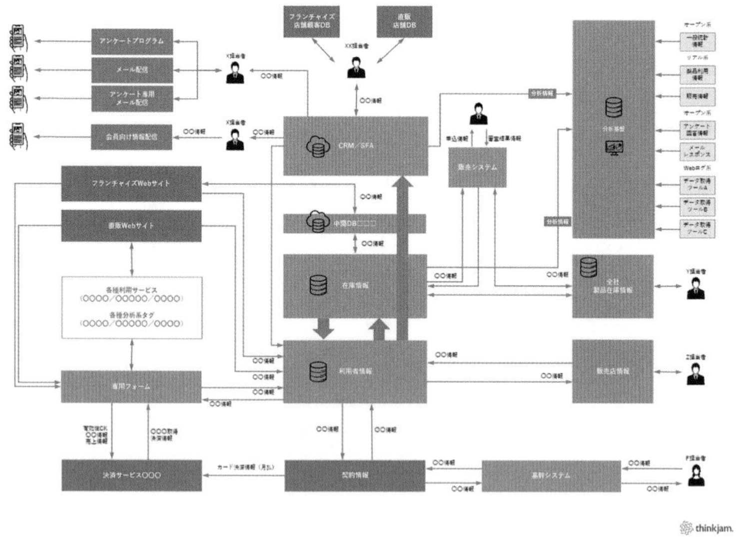

⑩データの連携（概念設計）

データを活用した新規ビジネス（ある商材の予測）を行うことを目的とし、現在取得できるデータをどこから取得して、どのように加工し、何と何をつないで、どのような価値を生み出すかといったことをまとめた図です。複雑なデータの連携や手順が直感的にわかるようになり、エンジニアとアナリティストとのコミュニケーションにも活用します。

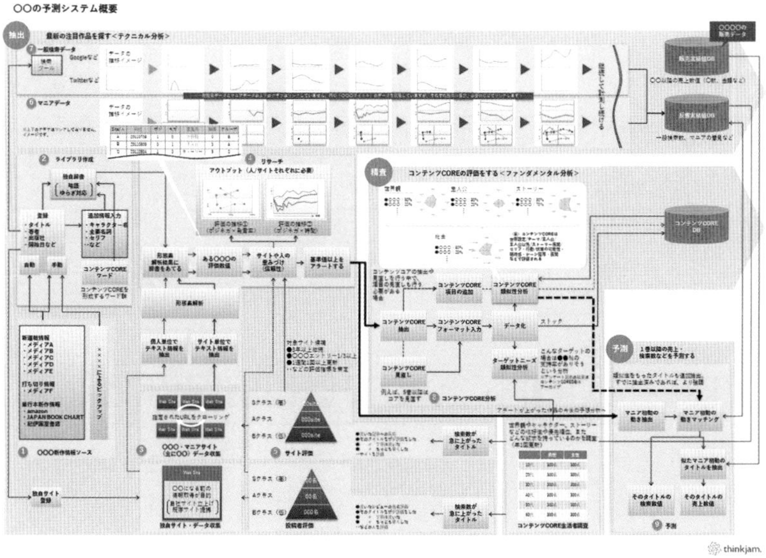

11 KPIデータ解析（ツリータイプ）

アクセスログによって得られた見込客や既存客の行動データ等を行動パターンの多い順にサイト構造も鑑みて見やすく整理し、上から下に流れるように行動フローをツリー状にしたものです。サイト全体のなかにおけるボトルネックが明確になり、打ち手と効果が考えやすくなります。こういったツリー図は、注目すべき箇所のみ議論できるように重要ではないところをマスキングして、複数枚用意することもあります。

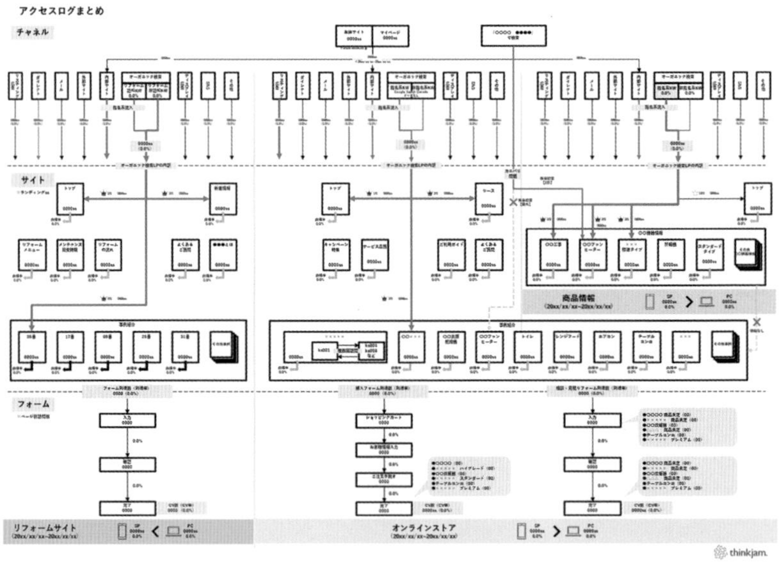

アクセスログまとめ

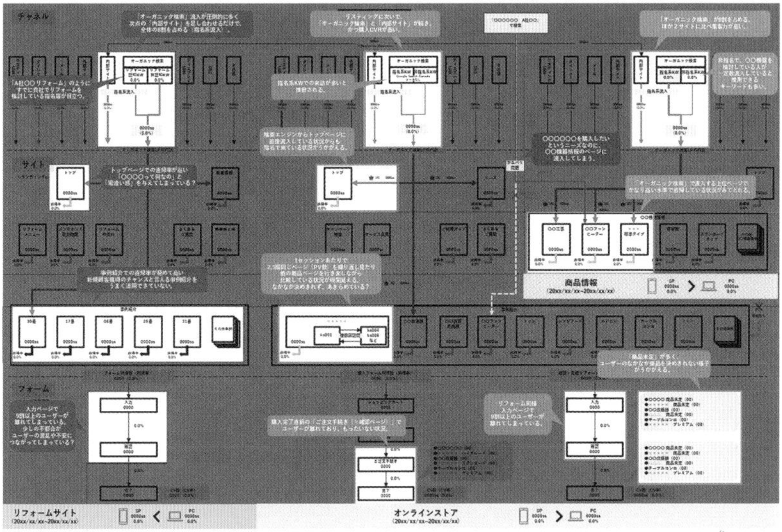

thinkjam.

⑫ KPIデータ解析（ジャーニーマップタイプ）

アクセスログによって得られた見込客や既存客の行動データ等をジャーニーマップに沿って配置されたコンテンツと合わせて掲載したものです。左から右へ流れて欲しい顧客が、どのコンテンツでつまずいているのか？がわかり、コンテンツのフォーメーションの見直しや改善提案のヒントにもつながります。

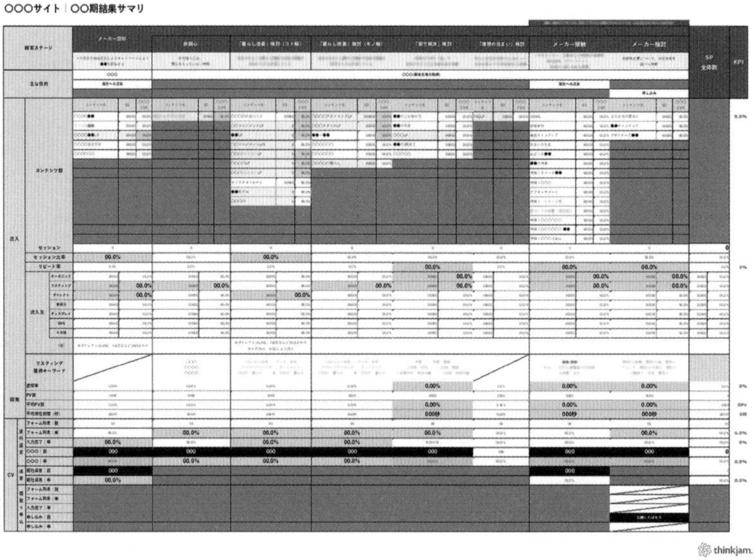
〇〇〇サイト｜〇〇期結果サマリ
顧客ステージ
メーカー認知
メーカー接触
メーカー検討
主な目的
コンテンツ群
流入
閲覧
CV
セッション
セッション比率
リピート率
流入元
リスティング
直帰率
PV数
平均PV数
平均滞在時間（秒）
KPI
thinkjam.

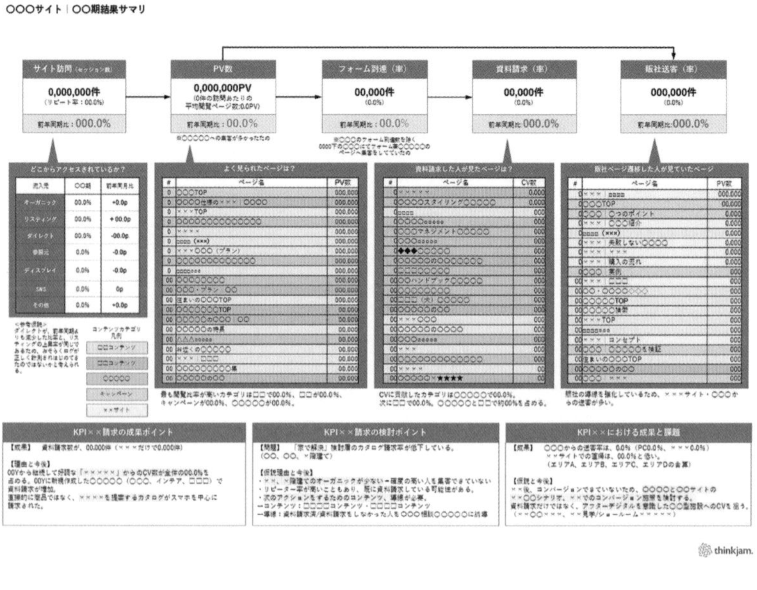
〇〇〇サイト｜〇〇期結果サマリ
サイト訪問（セッション数）
0,000,000件
（リピート率：00.0%）
前年同期比：000.0%
PV数
0,000,000PV
（0件の訪問あたりの平均閲覧ページ数:0.0PV）
前年同期比：00.0%
※〇〇〇〇〇への集客が多かったため
フォーム到達（率）
00,000件
（0.0%）
前年同期比：00.0%
資料請求（率）
00,000件
（0.0%）
前年同期比 000.0%
販社送客（率）
000,000件
（0.0%）
前年同期比:000.0%
どこからアクセスされているか？
流入元
〇〇期
前年同月比
オーガニック
リスティング
ダイレクト
参照元
ディスプレイ
SNS
その他
よく見られたページは？
ページ名
PV数
資料請求した人が見たページは？
CV数
販社ページ遷移した人が見ていたページ
KPI××請求の成果ポイント
【成果】 資料請求数が、00,000件（×××だけで0,000件）
【理由と今後】
KPI××請求の検討ポイント
【問題】 「家で解決」検討層のカタログ請求率が低下している。
（〇〇、〇〇、×階建て）
【仮説理由と今後】
・リピーター率が高いこともあり、既に資料請求している可能性がある。
KPI××における成果と課題
【成果】 〇〇〇からの送客率は、0.0%（PC0.0%、×××0.0%）
（エリアA、エリアB、エリアC、エリアDの合算）
【仮説と今後】
thinkjam.

多能工型マーケティングプランナーが描く鳥瞰図

プロジェクトを主導する多能工型のマーケティングプランナーが、これら3種のバウンダリーオブジェクトを組み合わせた結果、浮かび上がってくるものが「鳥瞰図」です。

ここで注意していただきたいのは、鳥瞰図とは物理的な紙の上にまとめられたものではないということです。これほど膨大な情報を1枚に書き出すことは現実的ではありませんし、その必要もないでしょう。さまざまなバウンダリーオブジェクトがどのようにつながっているのか、マーケティングプランナーがしっかり理解していれば、必要に応じてカスタマイズして部分的に抽出することは可能だからです。

つまり「鳥瞰図」というものは、すべてのバウンダリーオブジェクトを理解したマーケティングプランナーの頭のなかに存在していれば良いのです。そのためプランナーは各担当者や専門チームと議論を進めていくなかで、資料に修正が入れば、ほかに提出しているバウンダリーオブジェクトのどの箇所を変更しなければいけないのかを見極め、必要があれば別の部署や専門チームとも相談の上、全体最適化をはからないといけません。しかし、かなり大規模な案件である場合は複数のマーケティングプランナーを組織化して稼働させる必要もあります。複数のプランナーがバラバラな「鳥瞰図」を持たないように、ハドルでの情報のすり合わせが重要でしょう。

DATA- DRIVEN MARKETING

CHAP. 9

バウンダリーオブジェクトの描き方

バウンダリーオブジェクトをつくる前に

データドリブンマーケティングのスタートはどこでしょうか？「データドリブン」という言葉だけが独り歩きし、データの取得・統合・連携・分析方法等がフォーカスされてしまいがちです。しかしマーケティングデータとは結局のところ、顧客の態度変容の結果に生じる成果物です。そのため、まずは顧客の態度変容を促す施策やコンテンツを生み出す仕組みをしっかりと練り上げておかないと何もはじまりません。

たとえば、3章で触れた「便益チャート」をベースに顧客を動かす仮説を立て、4章で触れたようにターゲット顧客、切り口、シナリオ等を「コンテンツブリーフ」に落とし込み、5章でご紹介したKPIの設定までまとめておかないと、内部スタッフと議論しても具体性に欠けてしまうでしょう。本章ではある程度のコンテンツブリーフまでは、いったんできたということを仮定して、バウンダリーオブジェクトの作成方法を解説していきます。

バウンダリーオブジェクトをつくる順番

マーケティングプランナーが考えた企画（人を動かす仕組みづくり）をより実現可能性の高い企画に落とし込んでいくために、全体図（像）、すなわちバウンダリーオブジェクトを描いていきます。描き方は、概ね次のようなプロセスをたどります。

1 まず担当者レベルが必要とする全体図（像）を描きます。その際、専門チーム（自社のシステム部や外部のエンジニア、デザイナー、アナリスト等）の知見もヒアリングした上で、実現可能なレベルのプランを描いていくことが重要です。必要とあれば躊躇なく組織間の垣根を超えて、必要な知見を獲得しにいく、これも多能工型マーケティングプランナーならではの動きだと言えます。

2 次に意思決定者、主に経営層、事業部長クラスがわかるレベルでの全体図（像）を描きます。施策や仕組みレベルでの解説は粗くなりますが、意思決定の材料となる、期待される成果やROI等が明確になるはずです。

3 上記**2**を経て決裁が得られたところで、さらに詳細を詰めるために、専門チームそれぞれの全体図（像）を描きます。

3種類のバウンダリーオブジェクトに共通して言えるのは、最初から完璧なものを求めたり、順序立てて完成させようとしたりしないことです。むしろ、粗い状態で構わないのでいったん概要を書き上げ、それを関係者との議論のタタキ台としてつくり上げていくというイメージをもってください。

その後、議論で得られた知見を盛り込みつつ、全体的な修正や細部の詰めを繰り返していくほうが現実的です。そういった意味では、「初期段階から完成を目指すのではなく、おおよその仕様だけでシステム開発をスタート、テストと改善を繰り返しながら改善を目指していく」アジャイル型の開発に似ているかもしれません。

ということは、前述の❷においてマネジメント側も最初から「パーフェクトな資料」を期待しないでいただきたいのです。バウンダリーオブジェクトは目線をすり合わせていく資料ですので、マネジメント側とマーケティングプランナー側で建設的なディスカッションをハドルで繰りかえししながら費用対効果が高い企画を練り上げていくという視点で進めましょう。

バウンダリーオブジェクトを描くキャンバスのサイズを決める

担当者レベルからバウンダリーオブジェクト、すなわち全体図（像）を描く最初のステップは、描くキャンバスのサイズ（縦軸・横軸といった全体の枠組み）を決めることになります。ここでは、主に4つの軸を使います。

1 時間軸
2 人軸
3 メディア・デバイス軸
4 データ軸

下図のように、横軸を時間軸としながら残りの3つを縦軸のいずれかとして組み合わせていくのが、担当者レベルで議論するためのマーケティングプランの全体図（像）として活用しやすいのではないかと思います。いずれも、軸のなかは今回の施策においてMECE（ヌケ・モレなくダブりなく）となるよう設定するのがコツです。後述しますが、軸のなかには顧客導線を描きます。

キャンバスサイズ

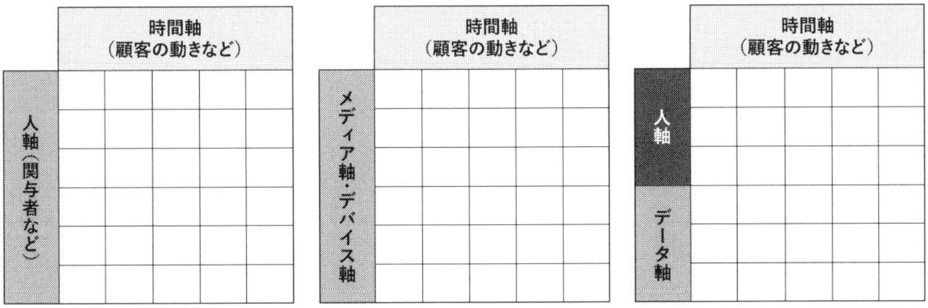

私たちは、最終的にはパソコン等で清書するとしても、はじめは思いついたことをスピーディにメモしていったり、途中でイメージが異なればすぐに変更したりできるよう、ホワイトボードやタブレットのソフト等に手書きでまとめていくことを推奨しています。以下、具体的に見ていきましょう。

❶時間軸

横軸として最も頻繁に使うのは「時間」軸です。たとえば、次のようなものが考えられます。

・顧客の体験や態度変容を時系列に沿って記載するもの
（例）潜在ニーズ→認知→関心→トライアル→比較→購入検討→購入→初回使用→追加購入

時間軸のイメージ①

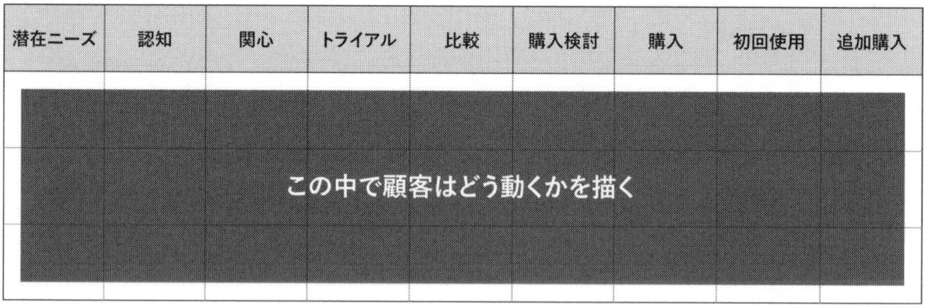

・顧客のWebサイト内、実店舗内等の体験や態度変容を時系列に沿って記載するもの
（例）SNS閲覧→Webサイトアクセス→閲覧→回遊→理解→フォーム入力→購入

時間軸のイメージ②

SNS閲覧	保存	サイトアクセス	閲覧	回遊	理解	フォーム登録	購入

この中で顧客はどう動くかを描く

・接客、調理、製造等の作業プロセスを時系列に沿って記載するもの

（例）お客様来店→人数確認→席案内→メニュー紹介→注文受け→調理場連携→調理完了→配膳

時間軸のイメージ③

お客様来店	人数確認	席案内	メニュー紹介	注文受け	調理場連携	調理完了	配膳

この中で顧客、もしくはホールスタッフはどう動くかを描く

時間軸といっても、実際に記載したように顧客が動くとは限りません。あくまでも企業側の想定ですが、そのように動いていただけるように企画（人を動かす仕組み）を考えているはずですので、内部スタッフが理解し、議論のタタキ台にできる程度の確からしさであれば、充分でしょう。

❷人（プレイヤー）軸

こちらは主に縦軸として使います。主要な顧客や顧客に影響を与える人、

内部の業務関与者等の「人」をまとめた縦軸に、時間の経過を示す横軸を組み合わせ、誰がいつ、何をしているのかを可視化します。

・B2Cのプロモーションの例としては、ターゲット顧客、コミュニケーションターゲットを筆頭に、情報拡散者（インフルエンサー）、企業側の本社、販売会社、店舗担当者、データ運用管理者等、多くの人の関わりを可視化することがあります。

人軸のイメージ①

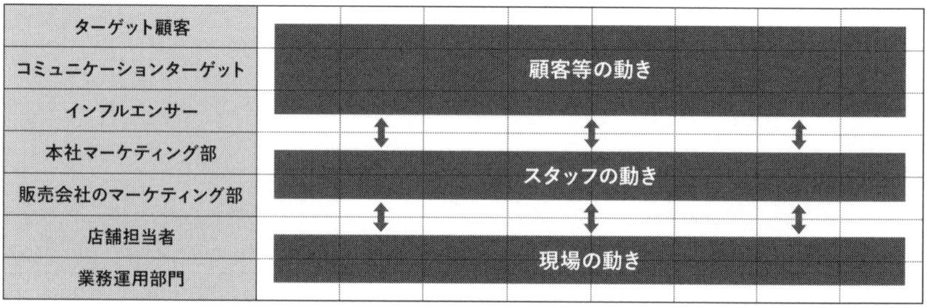

・B2B商材のプロモーションでは、起案者、決裁者、導入者、運用者、社内使用者、社外使用者……等、コミュニケーション顧客が複数に分かれることがあります。

人軸のイメージ②

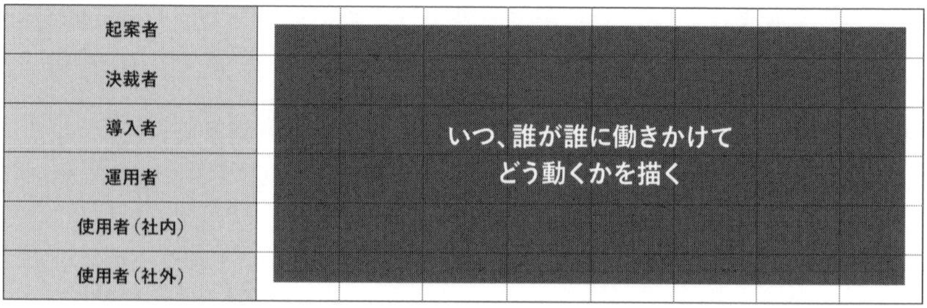

起案者
決裁者
導入者
運用者
使用者（社内）
使用者（社外）
いつ、誰が誰に働きかけて
どう動くかを描く

3メディア／デバイス軸

コミュニケーション顧客の広告からの流入等を起点とした動きをまとめたほうがわかりやすい施策の場合は、SNS広告、SNS、OOH広告、バナー広告、検索広告、オーガニック検索、Webサイト、リターゲティング広告等の広告や受け皿（SNSやWebサイト）を縦軸に並べる場合もあります。このほか、施策によってはスマホ、PC、タブレット等のモバイルデバイスやスマート家電、IoT機器類、さらにスマートグラス等のウェアラブルデバイスを軸にすることもあるでしょう。

メディア軸のイメージ

4取得するデータ軸

データの取得がとりわけ重要な施策であれば、ターゲット顧客やコミュニケーションターゲット顧客が動くことでどんな顧客データ（属性、行動結果、行動状況、情報発信）が得られるかを並べ、それを企業側がどのように活用して購買アプローチをかけていくのかをまとめていく場合に人軸とデータ軸を並べることがあります。

取得するデータ軸のイメージ

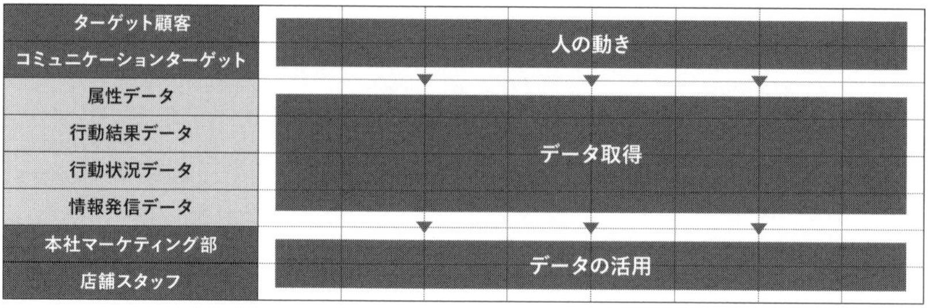

もちろん、軸はこれだけではなく、都度工夫してつくっていくことになります。内部スタッフが正しく目線を合わせるためにも、互いに相談しながらわかりやすいものを選択していきましょう。

人や情報の想定動線を描く

縦・横軸が決まったら、そのなかには顧客等の動きや情報の動き（想定動線）を描きます。まず、最初のポジション＝スタート地点を決め、その顧客にどんな刺激を与えるとどのように動いてもらえそうかを描きます。4章で考えたシナリオを基に、いつの段階で、どこから顧客を呼び込み、何を理解させて、次のステップに進められるのか？ その軌跡を矢印にしてみましょう。

キャンバス上に不明瞭なところがありつつも、いったん顧客の動きをゴールまで描き切ります。

さらに、顧客等が動いた結果として取得できそうなデータも記入しておくといいでしょう。メアドや個人情報等のほか、来店情報、位置情報、Webのアクセス解析等でわかるようなこと（たとえば、閲覧時間やどのイベントを押したか、コンバージョンしたか）等、取得できそうなデータはすべてデータベースに記録される前提で描くのです。

この作業をしながら、顧客が実際に態度変容したかどうかを評価するKPIが、その企画（人を動かす仕組み）において正しく設定されているかも検証します。また、本当は取得できたほうが良いのに取得できないデータがあるなら、どうすれば取得できるのか？ 専門スタッフに相談してみましょう。

この一連のワークは、縦横軸のところで前述したように、実際に作成するときはPC画面上で作業するよりも、大きなホワイトボードやタブレットのソフト等を用いて手書きにするほうが、図やメモを書いたり、すぐ修正できたりするので、思考が途切れません。こうして、自分で描いたものをほかのメンバー（上長を含む同じプロジェクトのメンバー等）に説明し、フィードバックを受けながらヌケやモレをできるだけなくしていきます。作成に慣れていない人は、最初から2～3名で議論しながら描くのもOKです。もちろんここで、調べなければわからないことも出てくるはずですので、改めて考える必要があるものは、課題としておきます。こういった作業プロセスを経て作られたものが、8章に記載されている事例となります。

※「導線」は企業側が希望している（導いている）顧客の動き方であり、「動線」は顧客の動いた軌跡、もしくは想定している顧客の動き方であるため、ここでは「動線」と記載しています。

CHAP. 10

鳥瞰図が見える人を育てる

多能工型マーケティングプランナーを増やす

これまで触れてきたように、3つの内部スタッフ別にバウンダリーオブジェクトを用意し、それら3つの資料を重ねた「鳥瞰図」を頭のなかに描くのは、マーケティングプランナーの役割です。しかし、この業務は従来型のマーケターの職務能力を超えているかもしれません。必要とされているのは、いわば「多能工型かつバウンダリー型」という職務能力です。

多能工型とは、マーケティング理論を理解したうえで、商品企画、ブランド戦略、販売促進企画等を立案できるだけでなく、デジタルデータを取得・分析し、そのデータを基に顧客が態度変容するコンテンツをつくることができ、さらにはUIやシステムの概要レベルでの要件定義等もできるDX人材です。そして、バウンダリー型とは、上記のようなスキルの壁を超えるという意味のほかに、組織の部門間の境界を越えて組織や個人をつなぎ、縦横無尽に組織行動に影響を及ぼす「越境人材」、いわゆる「バウンダリースパナー」という意味でもあります。

「多能工型かつバウンダリー型」というスタイルは、職務内容を明確に定義する「ジョブ型」人材マネジメントとは相対するものと言えるかもしれません。ご存じのようにジョブ型人材マネジメントは、労働人口が減少する経済環境下でも即戦力として活躍できる専門人材を集めたい企業側の思惑と、デジタル化により勤務地や労働時間に制限されず働ける勤務形態を望む労働者側の思惑が一致し、国内でも普及しはじめています。一方、「多能工型かつバウンダリー型」マーケティングプランナーは、むしろ職務を限定しないことに本質的な価値がある働き方です。そのため何らかの専門的なスキルが1つあれば良いというわけにはいかず、ある程度の時間をかけて意図的・組織的に育てるプロセスなしには誕生しないのです。

本章では、そのような「多能工型かつバウンダリー型」マーケティングプランナーを育てるためのポイントを、個人と組織の両面から紹介したいと思います。まず、どんな適性（パーソナリティ）が必要なのか？ をお伝えした後に、個々人のスキルポイント、そしてOJTでの経験のさせ方について解説していきます。

マーケティングプランナーを育てるためのポイント

パーソナリティ	適性検査による最適な人材探し	
個々人のスキルポイント	全体図（像）つくる	ファクトファインディング力
		動的思考力
		アブダクション力
	的確に聞き出す・伝える	意図把握力
		スロー思考
		メタ表象力
OJTでの経験のさせ方	レギュラーフォーメーション	
	教育フォーメーション	
	緊急フォーメーション	
	ワンオペフォーメーション	
	それぞれの組み合わせ	

多能工型に最適な人材を探す

「多能工型かつバウンダリー型」として活動するための適性とは、どのようなものでしょうか。すでに確立したスペシャリティ領域を越えて、また別のスペシャリティ領域にアプローチすることを求められるポジションであることから、興味関心の幅広さは欠かせないものでしょう。人間心理でもビジネスモデルでも「その背後にあるメカニズムを知りたい」「なぜそうなるのか把握したい」と、前のめりになれることが大事です。こうしたことに興味のない人の教育にいくら投資しても、残念ながら効果は期待できません。

私たちは、SHL社やイー・ファルコン社等の適性検査を活用し、変化を全く厭わず、人の行動に関心があったり、データに関心があったり、抽象的な議論を強く好むが手を動かすことも好きだったり……というような人を最適人材として採用しています。

〈注目したいパーソナリティ項目〉

・具体的なことに関心を持ち、手際が良い
・統計等データや数字を扱うのが好き
・人やその行動を分析することに価値を見出す
・変化や目新しいものを好む
・抽象的な概念を考えたり、話し合ったりすることを好む
・発想が豊かで新しい方法を提案するのが好き

これまでの経験上、これらの項目に関わる因子が弱いと、

「このシステムの仕様について、よく理解できないので具体的に知りたい」

「どうしてこのデザインがいま流行っているのか、背景を知りたい」
「顧客がボタンを押すコピーはなぜ、この位置・このデザインなのか」

……等、自律的に問いを立て、その問いを解決するために調査し、わからないことがあれば素直に「わからないから教えて欲しい」とまわりの人たちに助けを求めることができません。

もちろん、そういった能力が正しく伸びるように、自律的に動けるような環境を整えるという経営マネジメント側の努力もかなり重要です。

特に、

・今後のキャリア設計の目線を合わせるためにも
　多能工型マーケティングプランナーのスキル一覧を提示する
・個々人の強みを基軸にしてOJT等で何でもチャレンジさせる
・本人が勝手に線を引いている閾値を超えられるように支援する
・やりたいことや身につけたいスキルも尊重する
・効率的に仕事ができるツール、学習環境を提供する
・行動や労働時間に比較的裁量を持たせる

……といったことを意識する必要があると思います。

では続けて、その「多能工型かつバウンダリー型」の実務に必要なスキルを挙げてみます。

全体図（全体像）を描ける ベーシックスキル

以下に紹介するのは、マーケティング施策やシステム要件等を、勘や経験に頼らず、事実に即したかたちで、きっちりまとめ上げるためのスキルです。

❶ファクトファインディング力

ファクトファインディング力とは、顧客に関するデータ分析により、顧客行動の原因を確からしく仮説立てする力です。たとえば、複数の顧客に共通する行動パターンに注目し「なぜこの人たちはこのような行動をとったのか？」「その背景にはどんなニーズや刺激があるのか？」等を深掘していく「なぜ？なぜ？力」とも言えるでしょう。ここで言う「確からしい」とは、科学的であること＝再現性のあるかたちであり、データという数値を用いて、おそらくこう考える価値はあるのでは？ と提示することを言います。

よく「マーケティングにおいては顧客視点を身につけることが外せない」と言いますが、ファクトファインディング力があれば、データに裏打ちされたかたちで、より説得力の高い「顧客視点」を持てるはずです。顧客が抱えている課題は何か、顧客に対して何を行うべきか等を、内部スタッフに対しわかりやすく伝えることができるでしょう。さらにレベルが上がると、顧客の行動パターンを複数発見し、一部仮説で補いながらも、ある視点から顧客をできるだけ MECE な状態でクラスタリングできるようになります。

【トレーニング例】

若手プランナーがデータを読み解く際、「どうしてこの顧客はこういう行動をとったのか？」と頻繁に問いかけるようにしましょう。特に答えはなくても一緒に考えればいいのです。まず、なぜ？ を問いかけられる文化をつくる必要があります。

解答に窮した場合は、「あの人ならどう行動するか？ どう思うか？」という実在する人をベースに問いかけてください。この場合、プランナーの引き出しに特定の人のプロファイルしかないと、仮説は極めてチープなものになってしまいます。普段から、年齢、年収、エリア、考え方等が異なる人に出会ったり、映画や小説、漫画等の登場人物をインプットしておいたりすることをお勧めします。

❷動的思考力

動的思考力とは、物事を構成するさまざまな要素（たとえば、あるキャンペーンにおいて、企業が伝えたいこと、KGI-CSF-KPI、活用するメディア、利用するポイントシステム……等）が、それぞれ動的に関係していることを把握し、何を変えると何に影響があるかを確認しながら物事を考えられる力です。

マーケティングの企画立案においては、Givenのもの（前提条件として与えられたもの、動かしてはいけないと言われたもの）がいくつもあるのが普通です。

たとえば、顧客像や製品・サービスの特長、こういうシステムを使わなければいけないということがGiven（動かせないもの）であった場合、「なぜ動かせないのか？」をきちんと理解したうえで、では「何と何は動かせるのか？」を定義し、「AとCをこうすると、○○ができるが、AとBとDをこうすると□□ができる」といったことを粘り強く考えられるような、しなやかな思考です。

言ってみればある条件の下で、できるだけ複数の代替案を出せる力でしょう。そうするうちに、「仮にGivenのものをこうした場合は……」として、Givenのものを別のものに変化させた新しい代替案も出せるようになります。この「システムを使わなければいけない」という場合でも、その目的や制約条件等を紐解いていくと、意外と「そのシステムを使わなくても良い」対応策もでてくるわけです。

この力があると、たとえば文化の異なる組織間や、システムとクリエイティブといったお互い相容れないような職場で起こる問題も、解決できる道筋をつかんでいけるでしょう。なぜなら組織間においては、それぞれの組織が何をGiven（信じていることや組織的な使命）にしているのかによって価値観や活動内容が異なってきますし、システムとクリエイティブという職種の違いにおいては何をGiven（仕事内容の定義）としているかで、見積りの仕方や工数の管理方法、「デザイン」というひとつの言葉でも、大きく意味が違ってくるからです。

【トレーニング例】

アイデア発想法のひとつとして知られる「SCAMPER（スキャンパー）法」を動的思考力のトレーニング法として活用できます。ヒットした商品を「何かで代用できないか」「ほかのものを組み合わせることはできないか」「ある部分をなくしてしまうとどうか？」等、7つの質問を基に検討していくことで、Givenのものに、どこか少しだけ変化をつけて新しいアイデアを生み出せるようになります。

❸アブダクション力

アブダクション力とは、結果から原因を探ることができる力を指します。たとえば、とある山で魚の化石が見つかったという事実から、「昔、ここは海だったかも」と推論できる能力です。この力は、さまざまな仮説を生み出すために欠かせません。

アブダクション力が高いと、たとえば図を描いていて辻褄が合わなかったり、ロジックが歯抜けになっているところがあったりしても、100%の完成度にこだわらず全体図（像）を描けるようになります。完成度は低いかもしれないし、正確ではないところもあるけど、「こういう状況だと仮定すると、こうなるかもしれない」と「仮置き」をして、全体図（像）の作成を進められるのです。

落ちるりんごを見て万有引力の法則を発見したニュートンも、細かい検証をする前にまず「モノとモノの間には引力が働いている」という仮説を立てました。裏を返すと、細かい検証をはじめるといつまでも仮説を立てられないのです。全体図（像）に限らず資料作成というと、つい最初から完成度の高いものを目指してしまう人もいますが、アブダクション力が高いと、「仮置き」したことは関与者にわかるようエクスキューズを残しつつ、とりあえずのかたちを早い段階で内部スタッフと共有することを優先します。それが議論のタタキ台として機能しますし、議論において「ここは違うよ」等と指摘されたらこれ幸いと、さらにブラッシュアップしていけば良いのです。

【トレーニング例】

ご存じのように「アブダクション」は、本来「帰納」と「演繹」を組み合わせて問題解決をはかるためによく使われます。次ページ図のように、洞察的な帰納法でさまざまなデータから何らかの法則を見つけ、それを知見として個人や組織でストックしておき、これまでにない事象があった場合、そういった知見を駆使して（＝アブダクション）で大胆な仮説を出し、演繹法でその仮説を科学的に（再現性のあるかたちで）立証するという流れが一般的でしょう。

つまり、アブダクションを活用できるようにするためには、日頃から自分の仕事領域における「法則性」となる知見をたくさん持っている必要があります。マーケティングプランナーでいえば、ファクトファインディングした結果を複数持っているということが極めて優位です。

また、普段のブレーンストーミングの現場で活用してみるのも手です。ブレーンストーミングは、主に問題抽出（何が問題なのか？ その原因は？）、課題設定（何をやるべきなのか？ その理由は？）、アイデア創出（具体的にどんなことをやるのか？ その方法は？）の場で活用されますが、主に「問題抽出」の場で、これまで思いつかなかった「原因」をN＝1のヒアリングや少数のアンケートから出して、みんなの意見を聞いてみるのも、アブダクション力を高める良いきっかけになると思います。

帰納・アブダクション・演繹の関係性

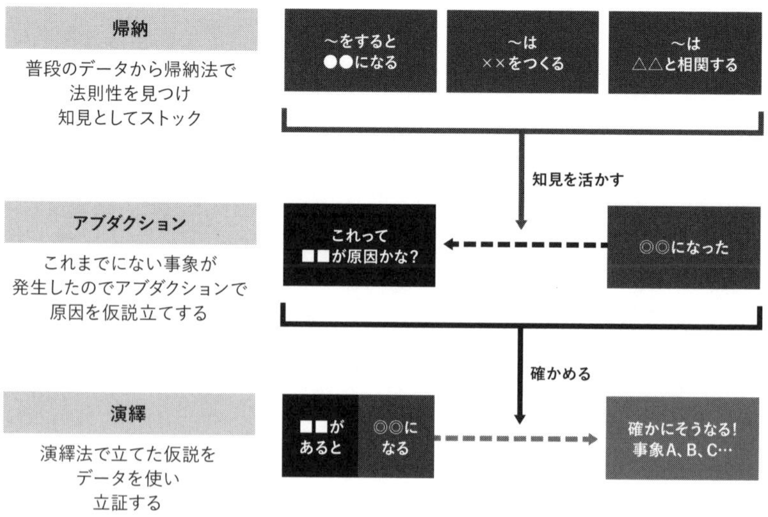

的確に聞き出す・伝える ベーシックスキル

続いて、内部スタッフを相手に「的確に聞き出す・伝える」ためのスキルとして、必要なものを紹介します。

1 意図把握力

組織横断的に動けるバウンダリースパナーには、「過去に一度も接触したことのない」部門や職種の人たちとコミュニケーションをとる機会も日常的にあります。こうしたコミュニケーションにおいては、ときに専門的過ぎて理解が及ばない発話内容の意味よりも、

・発話の意図（何を伝えたいのか、誰にどうなって欲しいのかという目的）
・そもそもの動機（なぜそうしたいのか）

に踏み込んで聞き出し、理解する力が必要になります。

意図把握力が高いと、たとえばシステム担当者等にヒアリングする際、専門外の難しい話に戸惑ったり、マーケティング施策の実行に結びつかない枝葉末節な議論に迷い込んだりするのを避けられます。大切なのは「発話の意味」と「発話の意図」をしっかり分けてヒアリングすることです。すると情報収集もスムーズですし、その後どんな切り口で資料をつくれば合意形成がしやすいか見当がつきやすいのです。

【トレーニング例】

ビジネス上の会話において、相手の発話内容を「意味」と「意図」に分けるようにしてみてください。

「意図」を意識すると、おそらく発話内容における「なぜ？」が気になりだします。たとえば「マイページのあるWebサイトを新たに構築したい」とクライアントに言われた場合、「なぜ？」と自問し、そのときに考えられそうな仮説を思い浮かべてみましょう。そのうえで、最も合っていそうな仮説を立てて質問してみると、「マイページのあるWebサイトを新たに構築したい」という発話の裏にある「意図」がわかってきます。結果として、アプリをつくったほうが良かったり、既存サイトの改修で済んだりするかもしれません。「なぜ？」と直接聞くと、相手は「あまりこちらのことを理解しようとしていない」「一から教えないといけないのか……」と面倒に思ってしまうこともあります。「なぜ？」と聞くのは、最後の手段と心掛けましょう。

2スロー思考

ファクトに即してきちんと順序立てて（ゆっくりと丁寧に、粘り強く）物事の関係性をとらえ、最適な方法で確からしく図式化（対比、時系列、因果、ポジション、構造、分類等）できる力です。

たとえば、6章でデータの扱い方を説明した際に、

(1)「こうしたら」→「こうなった」という事実関係を可視化する
(2)「こうしたら」→「こうなった」という事実関係に対して、「どうして？」と自問する
(3)「～かもしれない」という仮説を導く
(4)「～かもしれない」を裏付けるデータにあたる

……といったプロセスを通じてユーザーの行動を分析する手法に触れましたが、この作業もまたスロー思考なくては不可能なものです。

詳細な業務マニュアルの作成等は、スロー思考を鍛える良いトレーニングになります。一つひとつの作業を見れば特別に難しいことをするわけではないのですが、最後まで、細部までやり切ろうと思うと非常に労力がかかります。キャリアが浅いと、スロー思考の重要性がまだ理解できておらず、反対の「ファスト思考」に走り、直感的に正しいと思う答えにとびつき、検証を怠ることもでてきます。

その点、スロー思考ができる人は粘り腰があります。自分にとって未知の組織が対象であっても、そこにある事象を見逃すことがありません。また複数の組織と仕事をする際に、そこには何が共通していて、何が対比しているのか等、誰の目にもわかりやすく整理できますし、必要な情報を資料に盛り込む際にも、ヌケ・モレやダブりがなく、物事をMECEに捉えることができます。

【トレーニング例】

日頃から事象を図にして可視化する癖をつけましょう。議事録、データ分析の方法、製品・サービスの比較、プロモーション企画、ビジネスモデル等、大きくは6つの手法（比較・対比／時系列／因果関係／ポジショニング／分解⇔構造／分類）で何でも図にできます。ただしヌケ・モレやダブりなくまとめられるよう、上司等の第三者が細かくチェックする必要があります。

何でも図式化して捉える

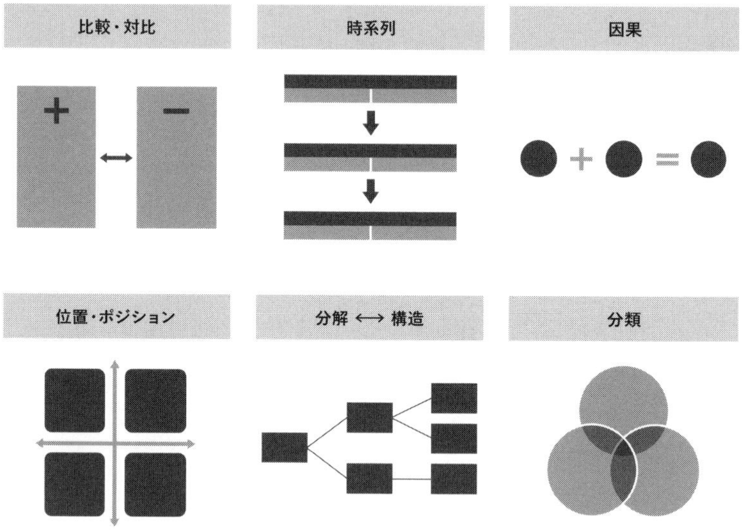

❸メタ表象力（メタ認知力）

メタ表象とは、いわば「表象の表象」です。つまり「こちらが伝えたことを、相手がこうイメージ（表象）しているだろう」というイメージ（表象）を持てることです。この力がないと、相手にどう伝わっているのかわからないまま、あるいは相手の期待とズレていることに気がつかないまま、全体図（像）を描いてしまいます。

裏を返せば、この力があると相手が欲しい情報を効果的かつ効率的に提供できる、ということです。「いる情報」と「いらない情報」の見極めもスムーズであるため情報の編集が総じてうまく、プレゼンテーションの成功率が上がります。

広告クリエイティブのスペシャリストや大喜利のうまい芸人等でみかけ

る、ごく短時間で人の態度変容につながる示唆を出せる（切り口と表現を同時に出せる）人は、メタ表象力が非常に優れていると言えるでしょう。

【トレーニング例】

個人的な経験から申し上げると、メタ表象が苦手な方は、具象と抽象を行き来すること（目の前にあるさまざまな事象を1つの概念でくくること）が苦手です。それは、マーケターとして「コンセプトがつくれない」という致命的な問題にもつながります。ビジネスパーソンが抽象化する能力を高める特効薬は、How To ではない書籍、いわゆる哲学書や社会科学等の本にしっかり向き合う期間をしっかり設けることに尽きると思います。映像や漫画のような具象化された世界では得られない経験を通じて、脳が鍛えられるのではないでしょうか。本来であれば、10代のうちにそういった本たちと格闘したり、より抽象度の高い音楽等を通じて人とコミュニケーションしたりしておくことが重要だと感じています。

組織的に「多能工型かつバウンダリー」な人材を育てるには

ここまで見てきたスキルを併せ持つ多能工型のマーケティングプランナーを企業が育成するには、個々人のキャリアやスキルを鑑みつつ、OJTでさまざまな仕事を経験させる必要があります。また各メンバーに対して、その業務に自分が配置された理由をよく理解して働ける環境を用意しなければなりません。

ここでは、私たちにおけるOJTのあり方を4つのフォーメーションに分けて紹介します。α・β・γという3つの案件があるとして、それぞれに存在する「企画（仕組みづくり）」「制作（モノづくり）」「運用（データを基にした改善活動）」という3つの業務に、スタッフA・B・Cさんにどう関わってもらうかを図式化しました。なおこれらのフォーメーションは、案件ごとに複数を組み合わせるのが現実的です。案件の初期・中期・後期等によって、力を入れるべきところが変わってくるからです。ただ、コロコロ役割を変えると、若年プランナーはスキルが追い付かず、落ち着いて仕事ができなくなりますので、組織全体での長期的な育成スケジュールとメンタルのマネジメントが重要になります。

1 レギュラーフォーメーション

メンバー全員に、パーフェクトではないにしろ一定レベルの企画・制作・運用の経験があるようなら、レギュラーフォーメーションを採用します。すなわちスタッフA・B・Cさんにそれぞれ、企画・制作・運用を全部経験してもらうのです。人によっては「これは得意、これは不得意」という自覚があるかもしれませんが、能力の有無によらず一度は全業務に触れないことには、バウンダリースパナーにはたどり着けません。

その経験を経て、メンバー一人ひとりが特に伸ばすべきスキルを見極めることができたら、そのスキルを向上させるのに役立つ案件にアサインしていきます。

したがって案件にメンバーをアサインするマネジメント側には、メンバーそれぞれの強みとスキルを伸ばしたい領域、本人の仕事に対するモチベーション（どこを伸ばしたいか）を把握する手腕が求められます。また企画・制作・運用の各部門においては、スタッフA・B・Cさんらがお互いに相談できる環境のほか、各部門の業務にあかるいメンバーを用意してサポートする体制が必要です。

レギュラーフォーメーションのイメージ

	案件α	案件β	案件γ
Aさん	企画	制作	運用
Bさん	制作	運用	企画
Cさん	運用	企画	制作

❷教育フォーメーション

教育フォーメーションでは、同じ案件のなかで複数名が同じ業務を担当します。これは新卒等の未経験者やキャリアが浅い若手を加えるときによく活用します。たとえば、案件αにおいてBさん、Cさんが制作と運用を兼務していますが、これは「先輩であるBさんが新入社員であるCさんを脇で教育している」イメージです。また案件βはBさんが企画・制作・運用すべてに関わりつつ、企画と運用ではAさんとCさんのサポートを受けられる体制。案件γは全員が全業務にアサインされ、協力しあえる体制になっています。教育という目的がなければムダも多いフォーメーションですが、現実にはこのように複数名が同じ業務を担当することで、仕事に不慣れなスタッフに対するリスクヘッジになります。

教育フォーメーションのイメージ

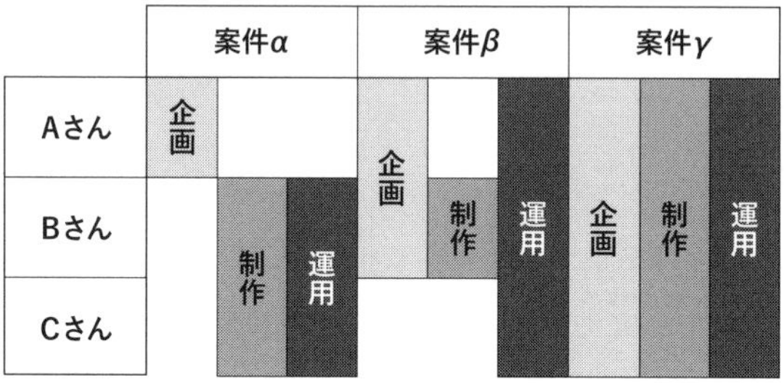

❸緊急フォーメーション

納期が極めて短いプロジェクトや何らかのトラブルが発生した場合のプロジェクトで活用します。A さんなら企画、B さんなら制作、C さんなら進行管理と運用というように、各メンバーが得意領域を活かすかたちで協業し、プロジェクトをスムーズに進めたり、立て直しをはかったりします。

緊急フォーメーションのイメージ

	案件α	案件β	案件γ
Aさん	企画（詳細プランニング）		
Bさん	制作（モノづくり・手を動かす）		
Cさん	進行管理・運用		

4 ワンオペフォーメーション

1つの案件の企画・制作・運用を1人のスタッフが担当する、「ワンオペ」フォーメーションです。3人が分業するフォーメーションに比べて生産性は落ち、リスクヘッジの観点からも危ういのは事実です。一方で、ワンオペフォーメーションは案件を1人で回せるだけの技量を身につけたかどうかを確認する良い機会にもなります。スキルに見合った規模の案件を慎重に選定する必要はありますが、「あるレベルの企画・制作・運用をワンオペで全うできたら、あるレベルのバウンダリースパナーとしての要件をクリアした」とみなすことで、いわば「認定試験」の代わりにもなるでしょう。注意したいのは、そのメンバーにとってあまりにも身の丈に合わない案件を与えると、自分のスキル不足に悩まされるだけでなく、技量不足がひと目にさらされることになり、当人の自信を失わせる結果になりかねないことです。ワンオペフォーメーションを任せられる段階にまで育成が進んでいるか否か、マネジャーには充分な見極めが求められます。

ワンオペフォーメーションのイメージ

	案件α	案件β	案件γ
Aさん	企画 制作 運用		
Bさん		企画 制作 運用	
Cさん			企画 制作 運用

5 それぞれの組み合わせで伸ばす

前述したように、実際の案件においては、1つのフォーメーションにこだわらず、メンバーのスキルに応じて案件ごとにフォーメーションを組み替えることが、マネジャーには要求されます。

そのためには、案件のレベル感（求められる目標、品質、スピード）とメンバーの強み、伸ばすべきポイント、メンバーがやりたいこと等を把握し、四半期、半期、1年とどのようなスケジュール感で多能工型のスキルを身につけさせるか？ といったキャリア設計が重要になります。

私たちでは、❶キャリアに応じた多能工型プランナーのスキルセットシート、❷四半期ごとのキャリア設計シート、❸キャリア設計ロードマップを用意し、常に自分がどの位置にいるのかをマネジメント層、本人が把握できるような仕組みをつくり、都度改善しながら運用しています。「多能工型かつバウンダリー型」のスキルセットは、事業会社側のプランナーなのか、専業プランナーなのか、またその企業文化や就業規則によっても変わってくるものでしょう。正解はないと考えていますので、今後「多能工型かつバウンダリー型」のマーケティングプランナー育成においては、ご関心のある企業の方や識者等、いろいろな方々に学び、議論を重ねて方法論をまとめていきたいと思います。

おわりに

本書をお手に取ってくださり、どうもありがとうございました。

「データドリブンマーケティング」という言葉自体はここ数年で一般化してきましたが、“データを基にしたマーケティング”ということであれば、以前からさまざまな取り組みがなされており、最近にはじまったことではありません。

いま注目されているのは、人々の行動データをリアルタイムに取得、蓄積、連携でき、それを分析するBIツールや自動化するためのレコメンドエンジンが大きく進化してきたからだと考えています。さらに、巣ごもり需要によるネットでの購入増加や認知メディアがSNSに変化してきたことも、一層データドリブンに拍車をかけているのではないでしょうか？

小売業を中心に古くから先進的な取り組みをされておられる現場の方々からみると、本書は物足りなく感じられると思いますが、現在混沌としながら、データドリブンマーケティングを推進している方々には、何かしらの打開策につながるヒントがあれば……と願っています。

私たちシンクジャムという会社は、データドリブンマーケティングを推進するための多能工型マーケティングプランナーの集団です。多能工型と聞くと「広く浅いスキルしかない」とか、「いまどきゼネラリスト的なスキルは、ジョブ型スキルの時代に逆行するものだ」という声もあろうかと思います。

しかし、見方を変えると、多能工型マーケティングプランニングというジョブが存在しない（就職・転職サイトにそういうジョブ項目がない）ことこそが問題ではないでしょうか。現場は複雑怪奇です。Webファーストとはいえ、紙による伝達手法も必要な場面はありますし、オールドメディアも活用できるチャンスはまだあります。今後XRなどによるメディア展開やAIによるコンテンツの自動化など、さまざまなツールをつなげて、目的を達成しなければならないのが、マーケティングの現場です。ここに必要なのは、専門家に加えて、彼らを顧客視点でインテグレートする多能工型のマーケティングプランナーではないかと考えています。

そういった人材を育て、他国が開発したコミュニケーションツールやメディア、サーバ等に依存しきらない日本のオリジナリティを追求すべく、私たちは「多能工型DX人材で日本の未来をたのしくする！」をパーパスとして掲げています。

本書において、企画は国本、構成・執筆は吉澤が担当していますが、当社の多能工型マーケティングプランナーにもさまざまな局面で関わっていただきました。

データの種類やバウンダリーオブジェクトの必要性・その分類方法には荒井勇人・小河歩、仮説立ての事例は伊南大地・工藤理夏子・菅原未来、コンテンツ制作にはオカンポス絢、さまざまなKPI設計には石井香帆・後田清隆・鈴木佳美、そのほか内容の校正には江口槙一郎・京面華菜恵・森川茜、図版の整理や情報収集には菅野奈津子、パートナーであるデザイナーの港祐布さんという方々の協力なしでは、仕上がりませんでした。

改めて仲間たちに感謝します。しかし、本書はまだまだ発展途上にあります。次世代を拓く彼らがさらに新しいものにバージョンアップしてくれることを強く願っています。

　最後に、本企画を推進してくださった編集の大沢さんはじめ、執筆をサポートしてくださった編集協力の東さん、営業の工藤さんに厚く御礼申し上げます。

株式会社シンクジャム　吉澤浩一郎／国本智映

本書をもっと活用したいあなたへの

読者限定特典

最後まで読んでいただき、ありがとうございました。
本書をより活用できるように
４つのフレームワークのデータを
読者限定特典としてプレゼントします。

以下の URL、QR コードから、ダウンロードしてください。

1）便益チャート
2）コンテンツブリーフ
3）ジャーニーマップ
4）KPI ヒント集

▼

https://drive.google.com/drive/folders/1UB5ZUQr_CeFzVtkU60PvWXXPKgxlwisl?usp=sharing

※特典の配布は予告なく終了する場合がございます。

［著者略歴］

吉澤浩一郎（よしざわ・こういちろう）

株式会社シンクジャム CEO

社員100名以上がコピーライターという国内では珍しい広告制作会社からキャリアをスタート。プランナーとして実績を積んだ後、Webインテグレーション企業にてマーケティング×IT戦略系コンサルティング業務に従事。2009年にシンクジャムを共同設立し、クリエイティブ×デジタルのハイブリッドな多能工型プランナー人材輩出を目指す。目的達成のため、常に複眼的視点から全体像をプランニングすることを得意とする。ビジネスにおけるモットーは「何でもつなげてみよう」。

国本智映（くにもと・ちえ）

株式会社シンクジャム 代表

国内IT大手企業にてシステムエンジニアとしてのキャリアをスタート。その後、Webインテグレーション企業にてマーケティングプランニングの仕事を経て独立。システムエンジニアとプランナーの経験を活かし、官公庁のプロジェクトなどで、企画フェーズでの決定内容をシステム要件定義に展開することをPMO的な役割で支援。その後シンクジャムを設立し代表となる。ビジネスにおけるモットーは、「相手を敬愛し、日本の未来が楽しくなるような新しい価値を世の中に生み出すこと」。

データドリブンマーケティングがうまくいく仕組み（しくみ）

2023年4月1日　初版発行
2023年6月2日　第2刷発行

著　者　吉澤浩一郎／国本智映

発行者　小早川幸一郎

発　行　株式会社クロスメディア・パブリッシング
〒151-0051 東京都渋谷区千駄ヶ谷4-20-3 東栄神宮外苑ビル
https://www.cm-publishing.co.jp
◎本の内容に関するお問い合わせ先：TEL（03）5413-3140／FAX（03）5413-3141

発　売　株式会社インプレス
〒101-0051 東京都千代田区神田神保町一丁目105番地
◎乱丁本・落丁本などのお問い合わせ先：FAX（03）6837-5023
service@impress.co.jp
※古書店で購入されたものについてはお取り替えできません

印刷・製本　株式会社シナノ

ISBN978-4-295-40815-4　C2034